I0231484

www.ingramcontent.com/pod-product-compliance
Lightning Source LLC
Chambersburg PA
CBHW071311060426
42444CB00034B/1770
9781946794055

إن شاء الله

كنت فِيلبوت

Earthen Vessel Publishing

EVP

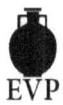

إن شاء الله

© ٢٠١٦ كينت فيلبوت

كل الحقوق محفوظة.

إيرثن فيسيل بوبليشينغ، سان رافائيل، CA ٩٤٩٠٣
www.evpbooks.com

ISBN: 9781946794055

الغطاء والتصميم الداخلي من قبل ك. ل. ك. فيلبوت

لا يجوز إعادة إنتاج أي جزء من هذا المنشور أو تخزينه في نظام استرجاع أو نقله بأي شكل أو بأي وسيلة إلكترونية أو ميكانيكية بما في ذلك النسخ الضوئي أو التسجيل أو أي نظام استرجاع المعلومات دون الحصول على إذن مكتوب من المؤلف أو الناشر، إلا من قبل المراجع الذي يرغب في اقتباس مقاطع قصيرة فيما يتعلق مراجعة مكتوبة لإدراجها في مجلة، صحيفة، موقع على شبكة الإنترنت، أو البث.

جميع اقتباسات الكتاب المقدس الكتابية، ما لم يذكر خلاف ذلك، مأخوذة من الكتاب المقدس، الإصدار القياسي®[ESV®]، حقوق التأليف والنشر © ٢٠٠١ بواسطة كروسواي الأناجيل، وهي جمعية الكهانة النشر من أخبار جيدة الناشرين GNP. كل الحقوق محفوظة.

جميع الاقتباسات من القرآن الكريم مأخوذة من القرآن الكريم http : // qadatona . org

٢

فهرس

تمهيد	٥
المقدمة	٨
الفصل الأول : التَوحيد	١٢
التباين : محمد ويسوع	١٩
الفصل الثاني : جبرائيل	٢١
المناشدة : التقية	٢٥
الفصل الثالث : الجنّة	٢٧
التباين : الإسلام والمسيحية في العصور الأولى	٣٢
الفصل الرابع : الجهاد الأصغر	٣٦
المناشدة : الإلغاء	٤٠
الفصل الخامس : الرحمة ، النِعمة وشَفقة الله	٤١
التباين : الحُب والخَوف	٤٥
الفصل السادس : الطاعَة	٤٨
المناشدة : هل التَغير ممكِن؟	٥٢
الفصل السابع : الوصول إلى الجنّة	٥٤
التباين : فِردَوس الإسلام وجنّة المسيحيون	٥٧
الفصل الثامن : مسيحيّو الغرِب	٥٩
المناشدة : المِثالية	٦٣
الفصل التاسع : حَول الشر	٦٥

٣

التباين: الهَدَف المُطلق	٧٠
الفصل العاشر: النساء في الإسلام	٧٢
المناشدة: السيرة	٧٩
الفصل الحادي عشَر: الرجال في الإسلام	٨٣
التباين: الجنس في الجنّة	٩٠
الفصل الثاني عشَر: الآيات الشَيطانيّة	٩٣
المناشدة: هلّ مُحمَد يُعبَد كَإله؟	٩٧
الفصل الثالث عشَر: قراءة الإنجيل المَسيحيّ	٩٩
التباين و المناشدة: زيارَة الكنيسة؟ وزيارة المسجد؟	١٠٢
الفصل الرابع عشَر: مُغادَرة الإسلام	١٠٤
المُناشدة: ألدعوة إلى الإصلاح	١٠٧
الفصل الخامس عشَر: من هو يسوع المسيح؟	١٠٩

تمهيد

لسنوات عديدة كنت دائماً على الحذر من الشَعب المُسلم ، بسبب الأخبار المُستَمِرة عن التفجيرات ، قطع الرؤوس ، وغيرها من الأَشياء الرهيبة التي تحدث في البلدان الإسلامية ويرتكبها المسلمون . لم أستطع أن أشعر بالراحة والرضا حول ما يجري في هذه المناطق .

في بدايات عام ٢٠٠١ ، بدأت دراستي في الديانة الإسلامية . وبعض المقالات التي كتبتها في ذلك الوقت أخذت طابع التحذيرات حول ما هي الديانة الإسلامية ، وما هي نواياها العالمية .

ولكن الامور تغيرت بالنسبة لي منذ أكثر من عام تقريباً . قد يبدو غريبا ما سأقول ، ولكن ببساطة ، أعطاني الله حبٌ للشعب المسلم . لا ، لم أتحمس وأغشى بالعنف والتطرف الذي أقرأه في الصحف ، كما لم أغير سياستي التي كانت دائما تميل نحو الاعتدال والتسامح . ولكن شيئا جذري استقر في أعماقي ، وحدث ذلك حين كنت أعطي دروساً في الإسلام في الكنيسة حيث أنا القس . لأول مرة وجدت نفسي محفز بحب ألمسلمين ولديّ رغبة في عبور الهوّة بين الديانتين .

المسلمون ، مثل جميع الناس في أنحاء العالم ، يريدون العيش ويدَعون الأخر يعيش . ولكن شيئا فظيعا يحدث . وأعتقد أن هناك صِدعٌ في الآلية الداخلية في الدين نفسه . ما هو على وجه التحديد لست متأكداَ ، ولكن شيئا خبيثاً قد استولى على الدين ، تماما كما حدث في وقت ما في الديانات الأخرى من العالم ، بما في ذلك المسيحية . ليس هناك بشر أو مؤسسة بشرية أو إنسانية نقية ومثالية خالية من العيوب . فيجب علينا أن نتقبل هذا الواقع ، أو أننا سنقع في شَرك الذهنية الطائفية الخطيرة وهذه لا يمكن وصفها بالثقافية .

الآن لدي شيء في قلبي وعقلي تجاه المسلمين ولن يفارقني ، وانا اسميه حُب .

وبالتأكيد هذه المشاعر لم تكن موجودة في داخلي من قبل، ويمكنني أن أقول فقط أن الله زرعها في داخلي. وهذا الكتاب هو نتيجة لهذا الحب.

ربما فقط عدد قليل من المسلمين سوف يقرأون هذا الكتاب. وأظن أن البعض سيريد أن يقرأ ويتفحص ما أقوله. آمل أنني لا أسيء أو أخطئ لأحد، بل بالأحرى أدعو قرائي في التفكير والتوقف عند الأمور ذات الأهمية القصوى. في الواقع، أنا بصراحة أدعو المسلمين لفحص معتقداتهم الأساسية.

وأعتقد أحيانا أن المسلمين يخافون من المسيحيين وما يؤمنون به. في الواقع، ليس من المريح جدا أن نسمع الآخرين يتحدثون عن الأشياء التي تتعارض مع معتقداتنا، وهذا ينطبق علينا جميعا.

ويمكننا جميعا أن نتفق على أن الحقيقة ذات أهمية قصوى. نحن لا نريد أن ننخدع، خاصة عندما يتعلق الرهان على الجنّة أو الجحيم. «هل ما أعتقد به صحيح؟» هو السؤال الذي يسأله الشخص العاقِل والناضج. بعد كل شيء، يوم الدينونة قادم.

الحقيقة هي ببساطة أنني قد اعتمدت على كل ما قرأت، وعلى الأحاديث والمناقشات مع من التقيت، فكرت بما تعلمته، وكافحت لكتابة هذه القطعة. لدي شهاداتي الجامعية والدراسية، وأنا قسيس منذ أكثر من خمسة وأربعين عاما، ولقد كتبت بغزارة على مجموعة واسعة من المواضيع.

لماذا أنا أكتب هذا الكتاب؟

إن هدفي هو محاورة المسلمين وتحديهم، وأتعلم منهم، ولكي أشارك معهم إماني بيسوع ألمسيح. وآمل أن هذا الكتاب سيزيد فرص للقيام بذلك تماماً.

آمل أن يقرأ المسلمون هذا. أنا هنا لا أتوجه للمسيحيين. فهناك تدفق مستمر من الدراسات أجروها المسيحيون على الإسلام، وبعض من ذلك بشكل عميق وجريء. أنا لا أكتب من وجهة نظر سياسية. أنا مؤيد لإسرائيل ومؤيد

لفلسطين، على حد سواء. أحاول بجد ألا أكون متطرفاً، يمينيّ أو يساري، في الأعلى أو الأسفل. إن رأيي في العالم مأخوذ من يوحنا ٣ : ١٦ : «لأنه هكذا الله أحب العالم حتى بذل ابنه الوحيد، لكيلا يهلك كل من يؤمن به بل تكون له الحياة الأبدية». المسلمون هم جزء من «العالم» والله أحب هذا العالم.

معظم المسلمين يعرفون الكثير عن الديانة الإسلامية، ولكن ليس الكثير عن يسوع المسيح، إلا ما هو موجود أو ما ورد في القرآن. يسوع القرآن مصور بطريقة إيجابية، في أكثر الأحيان. وفي هذا شعوري أن بعض المسلمين سوف يكونوا على استعداد للنظر وفي التعمق أكثر في هذا الموضوع.

وأخيرا، أدعو التواصل من المسلمين. دعونا ونتناقش ونتحاور في القضايا الكبيرة والعميقة في الحياة، معتبرين أن موضوع الأبدية هو واقع لا مفرّ منه.

عنوان البريد الإلكتروني philpott.kent@yahoo.com

المقدمة

إن شاء الله

إن شاء الله، هي عبارة شائعة في الإسلام. وتأتي من سورة الكهف (١٨): ٢٣-٢٤، التي تقول: «ولا تقل أبداً في شيء، سأفعل هذا وهذا غداً، دون القول «إن شاء الله!»

إذا

«إذا» هي فكرة مثيرة للاهتمام، أنها تقترح احتمالات مختلفة. مثلاً، يمكن للمرء أو قد لا يمكن له عمل شيء أو أخذ قرار بشيء «الإرادة».

يمكن للمرء عمل شيء في لحظة من لحظات معينة وليس في وقتٍ آخر. أيضاً، «إذا» تحمل عنصر الماضي والمستقبل على حد سواء.

«إذا» تحمل أيضاً احتمال أنه قد يكون هناك معلومات جديدة قريبة تحدث فجأة.

الله

«الله» هو اسم يستخدم لخالق الكون كله، وكان يستخدم من قبل المسيحيين واليهود في الشرق الأوسط لعدة قرون قبل ولادة محمد. واستخدام هذه الكلمة من قبل محمد هو شيء طبيعي. بالطبع استعمال اسم الله هو شيء، لكن ميزة وطبيعة الله هو شيء آخر. للمسلمين الله هو واحد فقط ليس لديه شريك. هو الذي خلق كل شيء، خلق العالم والقرآن، وأرسل محمد أخر أنبياءه. انه لا يحتاج الى شريك وليس له ابن.

بالنسبة للمسيحيين «الله» هو الكلمة المستخدمة لوصف الله الخالق كل شيء، كما هو موضح في الكتاب المقدس أن الأب والابن والروح القدس هم ثلاثة في أقنوم واحد يسمى «الثالوث القدوس»، كل عضو لديه الإرادة نفسها،

والطبيعة - وبالتالي واحدة موحدة.

هناك بعض المسيحيين الذين يعتقدون أنه ليس من المناسب استخدام الله كاسم للإله الخالق، وعلى هذه النقطة يجب أن نتفق على عدم الاتفاق. سأقوم باستخدام أسماء الله والأب القدوس بالتبادل. إنني أدرك شاعرتنا المشتركة للتبشير للخالق والكائن الأعلى، أيهما نستخدمه له. إنني أدرك العبادة المشتركة للخالق والكائن الأعلى، دون فرق أي اسم نستخدمه له.

شاء

«شاء» يعني لمعظم المسلمين أن كل ما يأتي للإنسان أو يحدث له، هو إرادة الله. قد تفتقر هذه الفكرة إلى أخلاقيات فعلية، لأن القرآن والحديث مليئة بالمحظورات والممنوعات، وهذا يعني ما هو مسموح به، حتى مأمور به. إن إرادة الله هي ورقة الرابحة، وهي العزم الشامل، وكل ما يحدث فعلا يجب أن يكون أو كان إرادة الله.

دعوة إلى التواضع

إذا جمعت هذه الكلمات، لتكون عبارة «إن شاء الله» فهي تقترح وتدعو للتواضع في أمور الله. ولا بد من الاعتراف بأننا لسنا على دراية بكل ما يشاء الله، كما أنه ليس من السهل دائما أن نحدد ما هي إرادته. لا بد من الاعتراف أن السعي إلى إرادة الله ومشيئته هو الشاغل الرئيسي لجميع البشر.

احتكام الى القران سورة العنكبوت ٢٩ : ٤٦

أنا أكتب كمسيحي، من أتباع يسوع المسيح. بالنسبة لي، سورة ٢٩ وآية ٤٦ من القرآن الكريم هي مهمة بشكل لا يصدق.

وَلَا تُجَادِلُوا أَهْلَ الْكِتَابِ إِلَّا بِالَّتِي هِيَ أَحْسَنُ إِلَّا الَّذِينَ ظَلَمُوا مِنْهُمْ وَقُولُوا آمَنَّا بِالَّذِي أُنزِلَ إِلَيْنَا وَأُنزِلَ إِلَيْكُمْ وَإِلَٰهُنَا وَإِلَٰهُكُمْ وَاحِدٌ وَنَحْنُ لَهُ مُسْلِمُونَ

سورة أل عمران ٨٤ : ٣ تؤكد ما ورد في سورة ٤٦ : ٢٩

قُلْ آمَنَّا بِاللَّهِ وَمَا أُنزِلَ عَلَيْنَا وَمَا أُنزِلَ عَلَى إِبْرَاهِيمَ وَإِسْمَاعِيلَ وَإِسْحَاقَ وَيَعْقُوبَ وَالْأَسْبَاطِ وَمَا أُوتِيَ مُوسَى وَعِيسَى وَالنَّبِيُّونَ مِن رَّبِّهِمْ لَا نُفَرِّقُ بَيْنَ أَحَدٍ مِّنْهُمْ وَنَحْنُ لَهُ مُسْلِمُونَ

واستنادا إلى هاتين الآيتين من القرآن ، ما علمه المسيح والمسيحيين قد قبله محمد . ومع ذلك ، فهو ليس بالواقع عند الإسلام اليوم ، لأنهم يرفضون بالكامل الإنجيل وهو جوهر المسيحيون . وهذا ما يدعو المسيحيون للتفكير بحق : «ماذا علينا أن نفعل مع هذا التناقض ؟»

استبدال ؟

«الإبطال» هو مفهوم لا يتجزأ من الإسلام . وهذا يعني أن الوحي السابق الذي أحيّ به لمحمد ودوّن في القران ، قد تم إلغائها أو استبدالها في وقت لاحق بآيات جديدة . وفيما يتعلق بآيات القرآن الكريم التي تثني على أهل الكتاب وتوصي بقبول كتبهم كما قرأنا أعلاه قد تم استبدالها أو إلغائها لاحقاً بآيات جديدة اوحيت من الله لمحمد . وهذا يعني أن إرادة الله يمكن أن تتغير ، وتقترح أنه قد يتغير مرة أخرى . مع أخذ هذا في الاعتبار ، ربما ليس من الغريب أن نفترض أن الله قد مرة أخرى يدعو المسلمين للنظر في رسالة يسوع ، كما فعل محمد في السابق . هنا ما قاله يسوع عن إرادة الله ، كما ورد في يوحنا ٦ : ٣٨-٤٠ :

لأني قد نزلت من السماء ليس لأعمل مشيئتي بل مشيئة الذي أرسلني . وهذه مشيئة الأب الذي أرسلني ان كل ما أعطاني لا أتلف منه شيئاً بل أقيمه في اليوم الأخير . لأن هذه مشيئة الذي أرسلني ان كلّ من يرى الابن ويؤمن به تكون له حياة ابدية وأنا أقيمه في اليوم الأخير .

ثلاثة أشكال التي تصنع هذا الكتاب

هناك أربعة عشر فصلا في هذا الكتاب ، تتخللها إما فصل «المناشدة» أو فصل «التباين» .

في فصل المناشدة ، أطلب من القراء المسلمين المساعدة في توضيح بعض النقاط المثيرة للاهتمام .

في فصل التباين أدعو القراء المسلمين للنظر في المفاهيم المسيحية ، وأفكارها ، أو النظر في المذاهب لمقارنتها بالأفكار الإسلامية .

النقطة الأساسية هي ألتفاعل مع القارئ ، للانخراط في التساؤلات والتحديات ، والتقارب .

إن ندائي الأساسي هو أن أولئك الذين يقرأون هذا الكتاب سيحافظون على عقل منفتح ، وأننا معا قد نسعى إلى الله في الصلاة ، ونطلب منه أن يكشف إرادته لنا ، حتى لو كان ذلك يعني ثورة كاملة في قلوبنا وعقولنا .

إن شاء الله ، سنجد مكانا اجتماعيا هادفا يقوم على الاحترام المتبادل والفضول والصدق والحب المشترك لله .

الفصل الأول

التوحيد

ان شاء الله ، لنضم قلوبنا وعقولنا حول هذا الموضوع الرئيسي لعملية جعل الاكتشافات ذو أهمية كبيرة . المسيحيون والمسلمون يريدون نفس الشيء ، وهو معرفة الحقيقة ونكون في السماء مع الله إلى الأبد .

إن التوحيد يكمن في قلب المسألة . أنا أسأل قرائي المسلمين : أيمكن أن التوحيد والثالوث يعني الشيء نفسه؟

التوحيد

التوحيد هو التأكيد المركزي للاهوت الإسلامي . محمد بشر ضد الشراكة في بداية عمله . في الكعبة استنكر عبادة تعدد الآلهة وأعلن أن الله هو الوحيد والأحد .

التوحيد هو وحدانية الله . التوحيد يعني أنه لا إله إلا الله والله ليس له شريك ولا ابن . إن إله الكتاب المقدس المسيحي هو أيضا واحد .

دعونا ننظر إلى نبوءة من كتاب العهد القديم . ٧٥٠ قبل الميلاد في فصل أشعيا النبي ٢١ : ٤٥ :

> أخبروا قدموا وليتشاوروا معاً . من اعلم بهذه منذ القديم أخبر بها منذ زمانٍ . أليس أنا الرب ولا إله اخر غيري . الهٌ بارٌ ومخلصٌ . ليس سواي .

إعلان آخر عن التوحيد تقريبا مرتين أقدم من السابق وجد في تثنية ٦ : ٤ أيضاً العهد ألقديم :

اسمع يا إسرائيل . الربُّ الهنا ربٌّ واحدٌ .

رفض موسى الشرك الذي وجده في مصر، وشجب أشعيا بالمثل في أرض كنعان حيث عاش اليهود في وقت لاحق، وهذا المكان يسمى أرض الميعاد.

أقر محمد بنفس الحكم. وجِدت في الشهادة الأولى وهي، «اشهد أن لا إله إلا ألله». هذا هو مضمون التوحيد الإقرار بوحدانية الله.

ويمكن التعرف على أشكال مختلفة من التوحيد في الفكر الإسلامي، كتوحيد الربوبية، أو توحيد الالُهية، أو التوحيد العبادة؛ وتوحيد الأسماء والصفات، أو توحيد أسماء الله وسماته.

نفي التوحيد هو الخطيئة التي لا تغتفر والمعروفة باسم الشِرك.

الثالوث القدوس

يعتقد المسيحيون فيما أعلن إشعيا النبيّ ٢١ : ٤٥ وما ورد في التثنية ٦ : ٤ عن وحدانية الله. نحن نعبد إله واحد فقط.

ومع ذلك، يعتبر المسلمون الثالوث الأقدس المسيحي التشريك - أي هو عبادة أكثر من إله واحد.

وذكر محمد أن المسيحيين يعبدون الآب وابنه ومريم، أم الابن يسوع. وهذا مفهومٌ خاطئ عن الثالوث الأقدس.

الثالوث الالاهي

القرآن الكريم آل عمران ٨٤ : ٣ :

قُلْ آمَنَّا بِاللَّهِ وَمَا أُنْزِلَ عَلَيْنَا وَمَا أُنْزِلَ عَلَىٰ إِبْرَاهِيمَ وَإِسْمَاعِيلَ وَإِسْحَاقَ وَيَعْقُوبَ وَالْأَسْبَاطِ وَمَا أُوتِيَمُوسَىٰ وَعِيسَىٰ وَالنَّبِيُّونَ مِنْ رَبِّهِمْ لَا نُفَرِّقُ بَيْنَ أَحَدٍ مِنْهُمْ وَنَحْنُ لَهُ مُسْلِمُونَ ﴿٨٤﴾

إن أنبياء إسرائيل يكشفون أن المسيح المنتظر هو الله نفسه. دعونا نغتنم هذه الفرصة لننظر عن كثب في واحد من هؤلاء الأنبياء وما قاله عن المسيح.

قال أشعياء النبيّ ١٤ : ٧ « ولكن يعطيكم السيد نفسه أية . ها إن العذراءُ تحبل وتلد ابناً وتدعو اسمه عمانوئيل» . «عمانوئيل هي كلمة عبرية تعني» الله معنا « . وهو هنا يشير إلى أن الطفل المولود للعذراء هو حرفيا ولد الله في الجسد .
يتابع أشعياء النبي في ٩ : ٦-٧ كلامه عن ابن العذراء :

«لأنه يولد لنا ولدٌ ونعطى ابناً وتكون الرياسة على كتفه ويدعى اسمه عجيباً مشيراً الهاً قديراً اباً ابدياً رئيس السلام . لنموّ رياسته وللسلامُ لا نهاية على كرسي داوود وعلى مملكته ليثبتها ويعضدها بالحق والبر من الان الى الابد . غيرة ربّ الجنود تصنع هذا . »

لنأخذ بعين الاعتبار «العذراء» - امرأة لم تقم أبدا علاقات جنسية مع رجل . «الحماس» للرب سيكون عن الوسائل الخارقة للطبيعة عن مفهوم الحمل ، وليس عن العلاقة الجنسية . فكرة أن الله قد يقيم علاقات جنسية مع إنسان بغيض للمسيحيين ، كما كان للعبرانيين القدماء . ان محمد على حق في إعلان أن هذه الفكرة هي هرطقة دينية .

ان يسوع هو المولود من عذراء . عندما ظهر الملاك جبريل إلى مريم وأخبرها أنها ستنجب طفلا ، لم تستطع مريم أن تصدق ذلك ، لأنها لم تكن أبدا مع رجل . هنا قصة مكثفة من لوقا الإنجيلي ١ : ٢٨-٣٣ :

وجاء [الملاك جبريل] وقال لها: «السلام عليكِ، يا ممتلئة نعمة، الرب معك!». [فاضطربت مريم، فقال جبرائيل لها،] «لا تخافي يا مريم. لأنك قد وجدتِ نعمةً عند الله. وها انت ستحبلين وتلدين ابناً وتسميه يسوع. هذا سيكون عظيماً وابن العليّ يُدعى ويعطيه الرب الله كرسي داود ابيه. ويملك على بيت يعقوب الى الابد ولا يكون لملكه نهاية.

(لاحظ أن هذا هو الملاك جبرائيل يتحدث ، نفس الملاك الذي من خلاله تحدث الله تعالى لمحمد كما يقول المسلمون) .

قال جبرائيل، إن الابن الذي سيولد هو ينحدر من سلالة «الملك داوود»، الذي كان ملك إسرائيل قبل ١٠٠٠ سنة. لذلك، نرى أن الكلمات لم تؤخذ حرفيا، ولكن كان لها معنى رمزي للشعب اليهودي وبعد ذلك للمسيحيين. لم يولد يسوع حرفيا من داوود الملك. بدلا من ذلك، سوف يولد يسوع من نسب داوود، والأنساب وجدت في كل من إنجيل متى ولوقا، وهذه الأناجيل تؤكد هذا النسب.

ابن مريم كان الله - الله في الجسد- في تحقيق نبوءة اشعيا النبيّ قبل ٧٥٠ سنة. يسوع هو الله الابن.

الروح القدس هو الله كذلك. ونحن نرى هذا في العديد من الأماكن في الكتاب المقدس، حتى في وقت مبكر من الآية الثانية من سفر التكوين، حيث نقرأ «الأرض كانت بلا شكل وخالية، وكان الظلام حالك يكسو الأماكن. وكان روح الله يرفرف فوق المياه».

المسيحيون لا ينظرون إلى الله كآب فقط، ولكن أيضا كابن وروح القدس، في نفس الطبيعة والعقل والقلب، والإرادة. هم ما يصفه العبرية في الكتاب العهد القديم بأنه اتحاد التعددية في الوحدة.

لفهم الاتحاد بشكل كامل، دعونا ننظر في سفر التكوين ٢٤ : ٢خلق الله رجلا وامرأة، آدم وحواء، ووصف عملية الخلق بأنها اصبحت الاتحاد. «لذلك يترك الإنسان والده وأمه ويلتصق بامرأته ويكونان جسدا واحدا». في هذه الآية، كلمة «واحد» في العبرية هو الاتحاد. الرجل والمرأة يصبحون جسداً واحداً عندما يتزوجون - وهذا ما يكوّن الاتحاد. هناك كلمات عبرية أخرى كان يمكن استخدامها والتي تعني كيان واحد. بدلا من ذلك تم استخدام التعددية في الوحدة، وهي «الاتحاد».

ولعل استعمال منطق «الفريق» يمكن أن تساعد لتوضيح الاتحاد. فريق البيسبول لديه تسعة لاعبين، وإنما هو فريق واحد. في نفس المنطق، إن

الثالوث القدوس هو واحد حتى لو كان من ثلاثة. ان هذا المقياس له حدوده، كما ان تكوين فريق البيسبول من تسعة أشخاص. «الشخص» هي كلمة لا تستخدم في الكتاب المقدس لوصف الثالوث الأقدس. إذا كان الكتاب المقدس استخدم كلمة «شخص»، فهذا من شأنه أدعم الثالوث كثلاثة أشخاص منفصلين. مع انعقاد مجالس الكنيسة قرون بعد كتابة الكتاب المقدس استقر الخيار على كلمة «شخص» في تعاريفهم للثالوث. وقد يكون هذا خيارا مربكا للكلمات، ولكن هو ليس دقيقا في الكتاب المقدس.

قال يوحنا الرسول عن يسوع: «في البداية كانت الكلمة، وكانت الكلمة عند الله، وكانت الكلمة الله» (يوحنا ١ : ١). هنا يسوع يفهم على أنه كلمة الله. طريقة أخرى لفهم معنى النص اليوناني القديم هو: «كانت الكلمة و هي في البداية، و كان الله و هو مع الكلمة، و كان الله و هو الكلمة». نريد أيضا أن نلاحظ أن كلمة «مع» تعني التماثل الدقيق. ويواصل يوحنا في الآية ١٤ من نفس الفصل: «وأصبحت الكلمة جسدا وسكنت بيننا، ورأينا مجده، مجد الابن الوحيد من الآب، مليء بالنعمة والحق». لاحظ العبارة « فقط الابن « . الكلمة اليونانية تعني» واحدة فريدة من نوعها « . لا أحد آخر من أي وقت مضى كان أو سيكون من أي وقت قادم مثل هذا الابن.

يقول البعض أن يسوع لم يدّع أبدا أن يكون الله، ولكن في يوحنا ٣٠ : ١٠ قال يسوع: «أنا والآب واحد». وهنا نرى شيئا من سر الثالوث. يسوع هو الله تماما وأيضا هو رجل كامل، وهذا هو التناقض من وجهة نظر إنسانية. ولكن لا شيء مستحيل امام لله.

الثالوث هو الأب والابن والروح القدس: إله واحد. وبالتالي أقترح أن الرؤية المسيحية لله تعادل تعريف التوحيد.

«ابن الإنسان» و «ابن الله»

المصطلحات المذكورة أعلاه التي نستخدمها عن يسوع، ويسوع نفسه

يستخدمها للإشارة إلى شخصه، تسبب مشاكل للمسلمين في مفهومه واستيعابه. الكلمات، كما يفهمها معظم الناس، إذا أخذت حرفيا، تعني ضمنا أن الله قد مارس الجنس مع امرأة بشرية وأنتج طفلا. وهذا من شأنه أن يكون حقا إشكالية، وسوف يعتبر تجديفاً ليس فقط للمسلمين ولكن للمسيحيين واليهود أيضا. ومع ذلك، فإن مصطلحي «ابن الله» و «ابن الإنسان» لا ينبغي أن يؤخذ حرفيا ولكن هي كلمات أو رموز ترمز للمسيح أو ليسوع.

المسيح من العبرية أو الآرامية وكذلك في اليونانية يعني «الممسوح بالزيت»، هذا «الواحد» أرسله الله الخالق كممثله الموثوق ولا أحد سواه. هذا المصطلح يقترب من المعنى «الملك العظيم والملك فقط». الملوك والكهنة قد مسحوا من الأنبياء، كما نرى في كتب اللاويين وصموئيل.

الخطبة الأولى أو التعليم الأول ليسوع جاء في كنيس في الناصرة. هناك سُلم يسوع لفيفة من التوراة الذي جاء فيها نبوءة اشعياء ٦١ : ١-٢ فقرأ:

> روح الرب علي، لأنه قد مسحني لأبشر المساكين ارسلني لأشفي منكسري القلوب لأنادي للمأسورين بالإطلاق. وأنادي للمأسورين بالإطلاق وللمكفوفين بالبصر، وأكرز بسُنة الرب الصالحة. (لوقا ٤ : ١٨-١٩)

ويجب أن نكون واضحين؛ عندما يستخدم المسيحيون مصطلح «ابن الإنسان» أو «ابن الله» فبهذا نعني أن يسوع المسيح هو الممسوح أو المسيح. في أي حال هذا لا يعني أن الله قد مارس الجنس مع امرأة وأنجبت ابنه. وإذا قال محمد العكس فهذا لا ينفي المعنى الفعلي للمصطلحات التاريخية.

حتى الشياطين تؤمن

الشياطين يعرفون كل شيء عن التوحيد. وهم يعتقدون، كما ينبغي، لأنها

الحقيقة. يعقوب الرسول وضعه بهذه الطريقة: «أنت تعتقد أن الله واحد؛ أحسنت. حتى الشياطين يعتقدون بهذا ويرتجفون!»(يعقوب ١٩ : ٢).

إبليس وشياطينه لا يعرفون كل شيء، لكنهم يعرفون الحقائق الأساسية، مثل من هو يسوع. عندما واجه يسوع رجل يمتلكه شيطان في كنيس في كفرنا حوم، هذا ما قاله الشيطان: «ماذا تفعل بنا، يا يسوع الناصري؟ هل جئت لتهلكنا؟ أنا أعرف من أنت -انت قدوس الله الواحد (مرقس ٢٤ : ١).

الشرك يفسد المعرفة الحقيقية عن الله. حتى الشياطين تعرف هذا، وكذلك المسيحيين.

أصدقائي المسلمون، أرجو ان تعلموا بأن المسيحيين يؤمنون بإله واحد فقط، وبالتالي لا ينتهكون مبدأ التوحيد. نحن لسنا بمشركين.

إن شاء الله، أن يكشف الله الحقيقة لمن يسع إليه ويدعو باسمه.

التباين

محمد ويسوع

لا يجب أن يعبد محمد إلى جانب الله. فهذا يكون الوثنية، لأن محمد هو مجرد رجل: فهو دليل، ومنبه، ورسول، ولكن ليس هو ملاك أو إله من أي نوع.

كيف يقارن هذا مع الطريقة التي يعتبرها الإنجيل يسوع في (العهد الجديد، بما في ذلك الأناجيل الأربعة)؟ يسوع يعبد على أساس من هو؛ فهو يعتبر الله في الجسد.

هل يُعبد محمد؟

المسلمون يحاولون التشابه بسلوك وحياة محمد. انهم يوقنون حياة محمد ويستخدمونها كمثال على كيفية العيش. أليس من رغبة المسلمين أن يأكلوا مثلما فعل، والرجال ينمون لحية مثله، وأن يكون لهم العديد من الزوجات كما فعل، يلبسون مثله، ويقدمون الإسلام كما فعل؟

هل يعبد محمد؟ كما قرأت في الحديث والسيرة (سيرة محمد)، يبدو ذلك. إلا أن الله هو وحده يُعبد. وإلا فإننا نجدف ونصبح مشركون.

هل يعبد يسوع؟

إن المسيحيين يعبدون يسوع، يتبعونه، ويحبونه، دون خوف من التجديف، لأن يسوع يعتبر الله، أرسل ليكون معنا في شكل إنسان.

معظم المسيحيين لا يحاولون تناول الطعام مثل ما فعل، او يحاولون التشابه به، أو اللباس مثله. لكننا نتبعه ونطمح أن نكون على مثاله. إنه وديع القلب ومحبٌّ للخطئة، والكامل في الرحمة والمغفرة. عندما كان

يموت على الصليب، طلب من الآب في السماء أن يغفر لأولئك الذين يصلبوه. هذا ما قاله يسوع عن المسؤولين في إعدامه: «اغفر لهم يا ابتاه لأنهم لا يعلمون ما يفعلون» (لوقا ٢٣: ٣٤).

التباين

التباين بين عبادة يسوع ومحمد لا يمكن أن تكون أكبر. الإسلام ينكرون أن محمد هو الله، ولكن حتى الآن يبدو أنهم يعبدوه في حين انهم ينكرون ألوهية يسوع. المسيحيون ينكرون الوهية محمد، في حين يؤكدون الوهية يسوع ويعبدونه كإله إنسان.

عَرف يسوع من هو وقال بصراحة «أنا والآب واحد» (يوحنا ٣٠:١٠).

وتنبأ بأنه سوف يُصلب، ويموت، ويُدفن، وأنه سوف يقوم من الموت. ثم يجلس على يمين الآب في السماء وسوف يأتي مرة أخرى في نهاية العصور، يوم الدينونة.

محمد، من ناحية أخرى، كان غير متأكد حول مصيره لدرجة أنه لم يعرف ما إذا كان سيدخل الجنة ام لا. القرآن الكريم في الأحقاف ٤٦: ٩ يجعل هذا واضحا:

قُلْ مَا كُنتُ بِدْعًا مِّنَ الرُّسُلِ وَمَا أَدْرِي مَا يُفْعَلُ بِي وَلا بِكُمْ إِنْ أَتَّبِعُ إِلاَّ مَا يُوحَى إِلَيَّ وَمَا أَنَا إِلاَّ نَذِيرٌ مُّبِينٌ

هكذا تكلم يسوع عن نهاية العالم:

حين إذن تظهر علامة ابن الإنسان في السماء. وسوف تنوح جميع قبائل الأرض، ويبصرون ابن الإنسان اتياً على سحاب السماء بقوّة ومجد عظيم. فيرسل ملائكته ببوق عظيم، وأنها سوف تجمع مختاريه من الرياح الأربعة، من أقاصي السماء إلى أخرى. (متى ٢٤: ٣٠-٣١)

الفصل الثاني

جبرائيل

إن اسم «جبرائيل» يأتي إلينا من اللغة العبرية القديمة ومعناه، «الله القويّ». وكلمة «ملاك» تعني رسول، ولذا فإننا نفهم ان الملاك جبرائيل هو رسولا إلهيا أرسل من الله.

هناك أربعة آيات في الكتاب المقدس تذكر الملاك جبرائيل. في دانيال ٨ : ١٦ و ٩ : ٢١، جبرائيل يكشف عن أحداث ستجري في المستقبل. في لوقا الإنجيلي ١ : ١٩-٢٠، جبرائيل يكشف إلى الكاهن زكريا أنه كان سيكون والد يوحنا المعمدان. وأيضاً في لوقا ١ : ٢٦-٣٧، الملاك جبرائيل يبشر مريم بأنها سوف تلد المسيح ابن الله، مسيح إسرائيل.

عندما ظهر الملاك جبرائيل لدانيال، زكريا، ومريم العذراء، ارتجفوا من الخوف لحظة ظهوره، ولكن الملاك جبرائيل طمأنهم بسرعة، حتى أصبح كل واحد منهم قادرا على التواصل معه دون مزيد من الخوف.

إن الملاك الذي ظهر لمحمد في كهف على سفوح جبل الحيرة كان مختلفا تماما في طابعه عن الذي ظهر في الكتاب المقدس. ملاك محمد «ضغط» عليه بشدة لدرجة أنه ترك في نفسه سؤالا عما إذا كان ما واجهه من الله على الإطلاق. جادلت زوجة محمد خديجة بشكل مقنع أن الوجود كان في الواقع من الله.

جبرائيل و دانيال

تم نقل دانيال إلى بابل كشاب في ٦٠٥ قبل الميلاد وخدم في محكمة نبوخذ نصّر. لكن بعد أن تغلب الفرس على بابل في ٥٣٩ قبل الميلاد، دانيال كان أصبح رجلاً عجوزاً، وفي خدمة الله لفت انتباه القادة الفرس. من خلال

دانيال جلب الله الرؤى لما سيحدث في المستقبل. وهذه قراءة بسيطة للتاريخ تظهر نبوءات دانيال وكم هي دقيقة.

الملاك جبرائيل كان خادم الله الذي جلب الرسائل إلى دانيال.

جبرائيل وزكريا

كان زكريا يخدم الرب ككاهن في الهيكل في القدس قبل عدة أشهر من ولادة يسوع. عندما ظهر الملاك جبرائيل له وأعلن أن صلاته ولزوجته العاقر اليصبات قد سُمعت وأنها قريباً سوف تصبح حاملا.

وأوضح جبرائيل أن هذا الابن، يوحنا المعمدان، سوف يمهد الطريق لمن سيأتي بعده. وكان هذا هو المنتظر هو الذي «سيحول العديد من أطفال إسرائيل ويعيدهم إلى طريق الرب إلههم» (لوقا ١٦ : ١). هنا يشير بوضوح إلى يسوع.

جبرائيل ومريم العذراء

مريم، العذراء الصغيرة، وجدت نعمة عند الله. هذا هو السبب الوحيد الذي أعطيَ في الكتاب المقدس المكانة العالية لهذه الفتاة اليهودية التي تشكل دوراً مهماً في تاريخ البشرية. قال لها الملاك جبرائيل: «وها انت ستحبلين وتلدين ابناً وتسمينه يسوع» (لوقا ٣١ : ١). اسم يسوع يعني «الله يخلص».

فوصف الملاك جبرائيل هذا الابن: «هذا يكون عظيماً وابن العليّ يدعى ويعطيه الرب الإله كرسي داود ابيه. ويملك على بيت يعقوب الى الابد ولا يكون لملكه نهاية.» (لوقا ١ : ٣٢-٣٣).

ان حمل مريم يكون معجزة، وليس نتيجة علاقة جنسية. «ابن العليّ» ما يعني أن الطفل الذي ستحمله مريم سوف يكون الاهيّ.

كان جواب مريم لجبرائيل: «كيف سيكون هذا، وأنا لست اعرف رجلاً؟»

(لوقا ٣٤ : ١) وقد أدركت مريم أن هذا المفهوم لا ينبغي تحقيقه من خلال الوسائل المعتادة. فكان جواب جبرائيل لمريم: » الروح القدس يحل عليك وقوة العليّ تظللك فلذلك أيضاً المولود القدوس منك يدعى ابن الله. » (لوقا ١:٣٥).

هكذا حدثت معجزة الله العظيمة التي تنبأ بها إشعياء. مريم تحمل وهي لا تزال عذراء.

من بينهم جبرائيل الحقيقي؟

من منهم جبرائيل الحقيقي «ملاك الله؟» الجواب على هذا السؤال له تداعيات هائلة. إما جبرائيل من الكتاب المقدس أو جبرائيل من القرآن هو الملاك الحقيقي من الله. لكن ليس بالإثنين معاً.

لا يمكن إلغاء كلمات الملاك جبرائيل، كما ورد في إنجيل لوقا، عن طريق رسالة لاحقة وردت عند محمد. كملاك، أو رسول، جبرائيل حمل رسالة من الله.

رسالة الملاك جبرائيل لمريم العذراء هي عنصر أساسي في إنجيل يسوع المسيح. هل من الممكن أن جبرائيل غير رأيه بين اجتماعه مع مريم معلنا وصول الله قريبا بنفسه وتجسده في شكل إنساني أرسل لإنقاذ البشرية واجتماعه اللاحق مع محمد، مع رسالة تستخف بيسوع وتحول من خطته الخلاص؟ هل سيغير الله رائيه عن أشياء ذو أهمية كبيرة؟

الجرأة في التساؤل.

يُترك المسلمون والمسيحيون على حد سواء لمواجهة هذه التساؤلات. وعلينا أن ننظر بشجاعة ونبحث بصراحة في كلا الجانبين وأن نتوصل إلى استنتاجاتنا. مرة أخرى، يمكننا أن نناشد الله أن يكشف لنا عن الجواب لهذا السؤال، « من هو جبرائيل الحقيقي في هذه المسألتين؟

بالنسبة لي، تم الرد على هوية جبرائيل الحقيقية عندما كنت في الحادية والعشرون من عمري حين أصبحت مؤمنا بيسوع، وقد تم تأكيده بشكل مستمر في السنوات الإثنين والخمسون الماضية كأحد أتباع يسوع المسيح. بالنسبة لي، الرسول الحق من لدن الرب كان جبرائيل الملاك الذي أعلن هذه الكلمات المشجعة إلى الكاهن زكريا عن ابنه يوحنا المعمدان:

وأنت أيها الصبيّ نبيّ العليّ تدعى لأنك تتقدم أمام وجه الرب لتعد طرقه، لتعطي شعبه معرفة الخلاص بمغفرة خطاياهم برحمة إلهنا التي بها افتقدنا المشرق من العلاء. ليضيء على الجالسين في الظلمة و ظلال الموت لكي يهدي أقدامنا في طريق السلام.

إن شاء الله، سوف نكتشف الحقيقة حول الملاك جبرائيل من منهم هو حقا الملاك الرسول من الله وما هي رسالته الأساسية للبشرية.

المناشدة

التقية

هذا النداء إلى القراء المسلمين للتوضيح والمساعدة يتعلق بالتقية، ما تعني في اللغة العربية إخفاء معتقد ما خشية الضرر المادي أو المعنوي. ، أوما يتعلق بعدم قول الحقيقة.

في البدء، الشيعة الذين كانوا يواجهون الاضطهاد وضعوا أولا التقية. مما أعطاهم الإذن لإخفاء حقيقة أنهم مسلمون لإنقاذ حياتهم. ما بدأ كعلاج لحالات الطوارئ مع الوقت أصبح تطبيعا واتسع نطاقه، وربما أيضا بسبب الضغوط الثقافية «لإنقاذ ماء الوجه» والشرف.

ويستمد هذا المبدأ من مقطعتين في القرآن سورة البقرة وسورة النحل:

وَأَنْفِقُوا فِي سَبِيلِ اللَّهِ وَلَا تُلْقُوا بِأَيْدِيكُمْ إِلَى التَّهْلُكَةِ وَأَحْسِنُوا إِنَّ اللَّهَ يُحِبُّ المحسِنين. سورة البقرة ١٩٥

مَنْ كَفَرَ بِاللَّهِ مِنْ بَعْدِ إِيمَانِهِ إِلَّا مَنْ أُكْرِهَ وَقَلْبُهُ مُطْمَئِنٌّ بِالْإِيمَانِ وَلَكِنْ مَنْ شَرَحَ بِالْكُفْرِ صَدْرًا فَعَلَيْهِمْ غَضَبٌ مِنَ اللَّهِ وَلَهُمْ عَذَابٌ عَظِيمٌ سورة النحل ١٠٦

وبالإضافة إلى ذلك، أتى في الحديث عدد من المواقف حيث أنه يسمح بالباطل في ثلاث حالات: أولا، قد يكذب الرجل على زوجته لإرضائها؛ وثانيا، لتحقيق المصالحة بين طرفين تشاجروا؛ وثالثا، في الحرب، والتجسس، وغيرها من الأعمال ضد عدو. كانت النتيجة بالنسبة للكثير من المسلمين قبول الخداع في جميع المجالات.

وقد دفعني تصرف المسلمون السابقون والحاليون إلى أن أفهم أنه من أجل

تمجيد الإسلام، تم التلاعب في الحقائق حول تاريخ الإسلام، ومساهماتهم في العلوم والرياضيات والهندسة المعمارية، وما إلى ذلك، مقبول ومتأكد، لدرجة أن مثل هذا التشويه مغفور له على الفور من قبل الله. وهذا ما أكدته أبحاثي.

هذا نداء إلى القراء المسلمين لشرح كيف يمكنني الانخراط في مناقشات صادقة ومفتوحة مع العلماء الدينيين المسلمين، إذا كانت التقية هي عملية جارية تستعمل في المحادثات.

في الإيمان المسيحي، الكذب يعتبر خطيئة. أولئك الذين يسعون ليصبحوا أكثر مثل يسوع يؤنبهم ضميرهم عندما يكذبون، لأن الله يستاء من الكذب. فالصدق هو تعبير عن الحب، ونحن نود أن نحب بعضنا البعض كما يسوع يحبنا.

إن في الإسلام، عندما تمارس التقية، هل المتكلم الذي يخادع يمر في تجربة تأنيب الضمير؟ أم أنه ليس هناك حاجة للضمير عندما الله يسمح لرخصة الكذب؟ هل يعتبر هؤلاء المخادعون حقا في خدمة قضية الإسلام عندما يلجأن للتقية؟

لقد وجدت نفسي أكثر من مرة في محادثة مع أولئك الذين يفترضون أنني لا أعرف شيئا عن الإسلام، وبالتالي يسعون في تضليلي. إنني أشعر بالحزن والقلق إزاء استعمال هذه الوسيلة في الحوار الحقيقي، ولهذا السبب فإنني أتقدم بهذا النداء.

الفصل الثالث

الجنّة

كيف يمكننا أن نتأكد من أننا سنكون في الجنة؟ هذا هو السؤال الأكثر أهمية يسأله شخص ويأمل ان يحصل على إجابة. إما أننا سنكون في الجنة أو أن نكون في الجحيم. وسوف تكون واحدة من الإثنين، دون أي احتمالات أخرى. فالمسلمين والمسيحيين على حد سواء يسعون للحقيقة.

المقياس الكبير.

بالنسبة للمسلمين، الذهاب إلى الجنة يعتمد على الأيمان وعلى الاستقامة والتصرف الصحيح. نرسم في عقولنا ميزان الله العظيم. على جانب الأول من الميزان تقاس أعمالنا الصالحة، وفي الجانب الأخر تقاس أعمالنا السيئة. يجب أن تتفوق أعمالنا الخيرة على السيئة.

ولكن لا توجد طريقة واحدة لمعرفة ما إذا كانت أعمالنا الصالحة تتفوق على أفعالنا السيئة. حتى محمد نفسه لم يكن يعرف ما إذا كان سيدخل الجنة. فإذا كان مؤسس الإسلام لا يعرف على وجه التحديد، فكيف يمكن لأي مسلم اخر؟

شرط آخر لدخول الجنة هو الطهارة. فكيف نقيس الطهارة؟ السلفيون هم أتباع أجداد الطهارة. أيجب أن يعيش المرء مثل السلفي؟ وحتى السلفيون يخطئون أحيانا، ولوفي أفكارهم؟ هل يجب حقا أن يموت المرء في الجهاد ليطمئن إلى وجوده في الجنة؟ وماذا لو بنى مسجد؟ هذه أسئلة صعبة، ولا توجد إجابات حقيقية في القرآن أو الحديث. يختلف العلماء المسلمون حول هذه الأسئلة والنقاط.

اللصّ على الصليب.

ورد في الكتاب المقدس قصة مثيرة للاهتمام عن اللصين الذين صلبوا جنبا إلى جنب مع يسوع، واحد على اليمين والأخر على اليسار. (على الرغم من أن الإسلام لا يؤمن بصلب المسيح، هنا أطلب منكم أن تنظروا في هذه المسألة.)

وكان واحد من المذنبين المعلقين يجدف عليه قائلاً ان كنت انت المسيح فخلص نفسك وإيانا. فأجاب الأخر وانتهره قائلاً أو لا تخاف الله إذ انت تحت هذا الحكم بعينه. أما نحن فبعدل لأننا ننال استحقاق ما فعلناه. وأما هو فلم يفعل شيئاً ليس في محله. ثم قال ليسوع اذكرني يا ربّ متى أتيت في ملكوتك.

فقال له يسوع الحق أقول لك إنك اليوم تكون معي في الفردوس.

مات يسوع قبل الرجلين الآخرين، ولكنهم ماتوا في نفس اليوم. ذهب يسوع على الفور إلى الجنة، التي كان قد جاء منها ليولد من عذراء. وفقا ليسوع المسيح، اللص الثاني، على الرغم من أنه رجل خاطئ، سيكون معه في الجنة في نفس اليوم. الشيء الوحيد المطلوب منه كان هو أن يؤمن بأن يسوع هو المخلص. وهذا يدل على حب الله المذهل ورحمته ونعمه.

الجنة = السماء

«الجنة»، وهي كلمة استخدمت قبل فترة طويلة من أيام محمد، مستمدة من الفارسية، اللغة التي يتحدث بها الفرس. إنها تصور عالم مثالي هنا على كوكب الأرض مع الكثير من الطعام والماء والنبيذ، وكل فرحة وملاذ دنيوية يتمتع بها الإنسان.

في إنجيل لوقا نجد ان يسوع يستخدم كلمة «الجنة»، على الرغم من أن الكلمة أكثر استخداما في الأناجيل للإشارة إلى مسكن الله هو «السماء». تم إنشاء الكون من قبل الله ولم يكن موجوداً من قبل، والكتاب المقدس يعلم أنه سينتهي يوماً ما (انظر رسالة بطرس الثانية ٣ : ٨-١٣). المسكن

الروحي الأبدي لله هو ما هو المقصود في الكتاب المقدس بكلمة «الجنة» و «السماء».

بالفصول الختامية لكتاب الرؤيا تصور السماء الجديدة والأرض الجديدة، يشار إليها أيضا باسم أورشليم الجديدة. فقد انتهى كل شيء من القديم، بما في ذلك الكون. وأصبح كل شيء جديد.

وفيما يلي وصف للسماء من الكتاب المقدس:

> ثم رأيت سماء جديدة وأرضا جديدة، لأن السماء الأولى والأرض الأولى مضتا، والبحر لا يوجد فيما بعد. و(أنا يوحنا) رأيت المدينة المقدسة، أورشليم الجديدة، نازلة من السماء من عند الله، أعدت كعروس مزينة لزوجها. وسمعت صوتا عظيماً من السماء قائلا: «هذا هو مسكن الله مع الناس. وهو سوف يسكن معهم، وهم يكونون له شعباً، والله نفسه يكون معهم إلهاً لهم. وسيمسح الله كل دمعةٍ من عيونهم، والموت لا يكون فيما بعد ولا يكون هناك حزن، ولا صراخ، ولا ألم بعد الآن، لأن الأمور الأولى قد مضت «(رؤيا ٢١ : ١-٤)

ماذا تشبه الجنّة؟

ان المصطلحات «المدينة»، «أورشليم الجديدة»، حتى «السماء الجديدة والأرض الجديدة» هي مصطلحات رمزية لشيء رائع جدا، نقيّ، وأبديّ، وأنه لا يمكن استيعابهم تماما من قبل العقل البشري. إنه مَسكَن مع الله إلى الأبد. كل أعباء حياتنا الأرضية قد ذهبت. ليس يوجد هناك خطيئة أو شر. في وجود الله جميع احتياجاتنا ورغباتنا قد تمت.

كما انه لن يكون هناك زواج في السماء. لا تزاوج، ولا جماع مع العذارى - فليس هناك حاجة لتحقيق رغباتنا الجسدية. بالحق ليس هناك مكان في السماء لوجود الرغبات من أي نوع.

بعض الناس المتدينين في يوم المسيح قد نفوا القيامة والسماء تساءلوا يسوع. فأتى رده مهم:

«لأنه في القيامة لا يزوجون ولا يتزوجون، بل يكونون كملائكة الله في السماء» (متى ٢٢:٣٠).

كيف نعلم أننا سندخل الجنّة؟

ان أعماق شوقنا هو أن نتأكد من أننا سندخل ونعيش في الجنة إلى الأبد.

هذا هو الضمان الذي قدمه يسوع:

«أعطيهم الحياة الأبدية، ولن يهلكوا الى الابد، ولن يخطفهم أحد من يدي. أبي الذي أعطاني إياها هو أعظم من الكل، ولا أحد يستطيع أن يخطف من يد الآب «(يوحنا ١٠ : ٢٨-٢٩).

وكان للرسول بولس لقاء شخصي مع يسوع بعد القيامة من بين الأموات وقد أعطي الوحي حول الهوية، والطابع، وخطة الخلاص من يسوع. وهنا نظرة ثاقبة من بولس الرسول بشأن ضماننا الخلاص من خلال يسوع:

ماذا يمكننا القول لهذه الأشياء؟ إذا كان الله معنا، فمن علينا؟ الذي لم يدخر ابنه ولكنه بذله لأجلنا جميعا، وكيف لا يهبنا أيضاً معه كل شيء؟ من سيشتكي على مختاري الله؟ الله هو الذي يبرر. من هو الذي يُدين؟ المسيح يسوع هو الذي مات - أكثر من ذلك، قام أيضاً - الذي هو أيضاً على يمين الله، الذي هو في الواقع يشفع فينا. من سيفصلنا عن محبة المسيح؟ أشدة أم ضيق أم اضطهاد أم جوع أم عري أم خطر أم سيف؟ كما هو مكتوب، «أننا من أجلك نُمات كل نهار. قد حُسبنا مثل غنم للذبح. «. ولكننا في هذه جميعها يعظم انتصارنا بالذي أحبنا. فإني واثق من أنه لا موت ولا حياة ولا ملائكة ولا رؤساء ولا أمور حاضرة ولا مستقبلة ولا قوى ولا ارتفاع ولا عمق ولا خليقة اخرى تقدر على

ان تفصلنا عن محبة الله في المسيح يسوع ربنا . (رومية ٨ : ٣١-٣٩)

الضمان المبارك .

يسوع نفسه هو الضمان لحياتنا الأبدية في السماء . لقد أخذ وحمل خطايانا بنفسه على الصليب ، ومات قُبر ، فدفن كل خطايانا إلى الأبد . وقام من بين الأموات وصعد إلى السماء وسيأتي مرة ثانية ليحكم على الأحياء والأموات . تشير رسالته ببساطة لمعرفة أنه بإمكاننا ان ندخل الجنة ونكون مع الله إلى الأبد ، ليس علينا إلا أن نؤمن به ، كما فعل اللص على الصليب .
إن شاء الله ، سوف أنت وأنا نمضي الأبدية في الجنّة .

الإسلام والمسيحية في العصور الأولى

السنوات الأولى من الإسلام

على الرغم من أن البعض يدّعي أن الإسلام يعود إلى عصر آدم، ومع أفوال الذين يدّعون انهم عايشوا الإسلام عبر التاريخ وعاصروه، إلا ان التاريخ الفعلي للإسلام يعود إلى القرن السابع وجد في منطقة تسمى ما هو الآن المملكة العربية السعودية. والادعاء إلى وجود الإسلام في العصور القديمة ليس لديها أي دعم تاريخي. فهي ليست سوى أسطورة فقط.

فيما مضى، حيث محمد كان يعيش في مكة المكرمة، كان يبشر ضد المشركين فرفضوه واضطهدوه. حتى أن قبيلته في بادئ الأمر رفضت فكرة أن الله اختاره رسولاً وانه مرسله. ولكن مع مرور الوقت تغير هذا، وبدأ الإسلام في النمو. عندما واصل محمد مزاعمه وحثها، واجه مقاومة قوية، مما اضطره الى الانتقال أخيرا إلى المدينة المنورة في عام ٦٢٢ م. ومع نمو رسالة محمد، أصبحت الحرب وسيلة لتوسيع الإسلام.

وفي عام ٦٣٢ م توفي محمد دون أن يترك خلفا واضحا. وأعلن أبو بكر (٦٣٢-٦٣٤) الخليفة الأول أو خلفا لمحمد. ثم تابع عمر (٦٣٤-٦٤٤) وعثمان (٦٤٤-٦٥٦)، الذين كانوا أول قادة لما سيصبح الفرع السني للإسلام. يدّعي البعض أن الإسلام توسع بحكم التجارة وليس بالقوة، ولكن التاريخ لا يدعم هذا التأكيد. فوسّع جميع هؤلاء القادة الإسلام أساسا بالقوة أو باستعمالهم أشكال مختلفة من الترهيب. ومع تعاظم أعمال العنف في نمو الإسلام، فمن الخلفاء الثلاثة الأوَل فقط أبو بكر توفي وفاة طبيعية.

على الجانب الشيعي، أصبح عليّ أول إمام (٦٥٦-٦٦١)، بعد أن رفض

لقب الخليفة الرابع. وهو أيضاً اغتيل.

من المستحيل أن نرى القرنين السابع والثامن كوقت للنمو السلمي للإسلام. لقد كان زمن الجهاد والحروب المستمرة. وبينما كانت هناك فترات عاش فيها المسلمون في سلام مع جيرانهم، فإنما عاجلا أم آجلا سيأتي مسلم متحمس يسعى إلى العودة إلى عصر الإسلام المجيد عن طريق اللجوء الى الجهاد الأكبر أو الأصغر. وقد ظهرت على الساحة التقليدية، السلفيين، والمتطرفين من مختلف الأنواع – طوال تاريخ الإسلام. فلا يمكننا أن ننظر إلى تاريخ الإسلام ونُسند له عبارة «دين السلام».

السنوات الأولى من المسيحية.

ان بداية الكنيسة غير واضحة. يقول البعض أنها بدأت مع آدم. والبعض الآخر يقول مع نوح، إبراهيم، أم موسى، من بين الأمور الأخرى، كمؤسسي الدين. لكن المعظم يتفق على ان بداية الكنيسة المسيحية هي يوم حلّ الروح القدس على تلاميذ يسوع في العلية وكان يوم ألعنصره في حوالي سنة ٣٣ م.

قصة يوم ألعنصره وجدت في الفصول الأولى من كتاب أعمال الرسل في الكتاب المقدس. تم جمع حوالي ١٢٠ تلميذ في القدس للاحتفال بالعيد اليهودي عيد ألعنصره، كما طلبها الله في القديم اللاويين ٢٣ : ١٥-٢٢. عيد ألعنصره يأتي بعد خمسين يوما من عيد الفصح، وكان هذا اليوم مطلوباً من قبل الله في القِدم باعتباره الشكر لمحصول القمح. وتقول التقاليد اليهودية أيضا أن قانون يومَ ألعنصره أعطي لموسى في جبل سيناء.

في عام ٣٣ م في أورشليم، نزل الروح القدس الموعود على التلاميذ في العليّة، وأعلنوا رسالة الخلاص في يسوع المسيح. في ذلك اليوم، أصبح ثلاثة آلاف شخص مسيحي، وتم تعميدهم في نفس اليوم. وهكذا ولدت الكنيسة. نجد هذا في الفصل الثاني من أعمال الرسل.

وعملت الكنيسة بسلاسة، وأظهرت دراسة لكتاب أعمال الرسل وجود عناصر أبرشيّة والمشيخية والأسقفية للحكم. وكان أول قائد للكنيسة في القدس يعقوب، الأخ غير الشقيق ليسوع. وكان بطرس بارزا أيضاً.

المشكلة الأولى التي واجهتها الكنيسة الوليدة هي أن الأرامل من خارج اليهودية لم يكن يعاملن معاملة عادلة. فتم تعيين شمامسة لتصحيح أوضاع هذه النساء وأرسلهم الرسل لقيام بمهمتهم.

بعد ذلك، نشأت مشكلة فيما يتعلق بما يجب القيام به مع الأمم الذين امنوا بيسوع والذين كانوا يأتون إلى الكنيسة وهم ليسوا من اصل يهوديّ. هل ينبغي ختانهم وإلزامهم بالامتثال لجميع القوانين اليهودية؟ كانت مسألة كيفية دمج الأمم في الكنيسة الأولى، التي كانت يهودية تماما، مشكلة كبيرة في ذلك الوقت. فاتخذ قرار، فيعقوب أخذ زمام المبادرة مع بطرس، وأقروا أن هذه الأمم لا ينبغي أن تُختن واعتبرت متساوية مع المؤمنين اليهود في يسوع. لقد سجلت هذه الأحداث في الفصول الخمسة عشر الأولى من كتاب أعمال الرسل.

وقد نشأت المعارضة من قادة يهود غير مسيحيين. ولقد رجمت السلطات الدينية إستفانوس، أحد الشمامسة المختارين للمساعدة في إدارة الكنيسة الناشئة. أدى الاضطهاد ضد الرسل إلى مغادرتهم أورشليم والبدء في رسالتهم التبشيرية. وتقول لنا النصوص القديمة أنهم سافروا وتوسعوا بِدء في البلاد المجاورة الى أقاصي الأرض لإنشاء الكنائس.

في البداية، اعتبرت الإمبراطورية الرومانية المسيحيين طائفة من اليهودية، وبالتالي تم منحهم الحماية. لكن بعد ذلك، تغير هذا مع الرومان حين بدأت ترى ان الديانة المسيحية تشكل تهديدا، لأنها كانت تؤمن بيسوع المسيح كرب وسيد العالم بدلا من الإمبراطور في روما. فأعلنت ان الديانة المسيحية غير قانونية. وقع أول اضطهاد على نطاق الإمبراطورية الرومانية للكنيسة

نحو نهاية القرن الأول الميلادي تحت حكم الإمبراطور دوميتيان. فإن يوحنا الرسول، على سبيل المثال، اعتقل ونفي إلى جزيرة باتموس قبالة ساحل تركيا حوالي ٩٠ م، حيث كتب كتاب الرؤية وربما أيضا إنجيل يوحنا.

لم يذهب المسيحيون الأوائل إلى الحرب مع أي شخص. أحبوا أعدائهم؛ وقد استشهدوا بالآلاف. وظلت رسالة يسوع تنتشر في جميع أنحاء العالم.

في السنوات الأولى من القرن الرابع، اعتنق الإمبراطور الروماني قسطنطين الديانة المسيحية. فأصبحت الديانة المسيحية قانونية، بل كانت الديانة المفضلة، وبالتالي لم يعد المسيحيون يتعرضون للاضطهاد. ادّ هذا التطور الى حسنات وسيئات في المجتمع المسيحي. اصبحت الكنيسة الآن لديها سلطة، وقد أسيء استخدامها لقرون. هذه الإساءة أدت في نهاية المطاف إلى محاكم التفتيش اللعينة وبعد ذلك إلى الإصلاح البروتستانتي في بداية القرن السادس عشر. اختلاط السلطة الكنسية مع الدولة، أدت الى فشل ذريع على حد سواء بينهما ولكن بالأخص في الكنيسة. فكان أحد الأسباب التي جعلت المسيحيين الأميركيين وغيرهم من الفصل بين الكنيسة والدولة في السنوات التأسيسية لهذا البلد.

القاسم المشترك

ان أي مؤسسة تنطوي على البشر لا بد أن تقع في علّة. وهذا ينطبق أيضا على المؤسسات الدينية. أكثر من ذلك، سوف تصبح فاسدة حتى في أصغر تجمعاتها، سواء في جماعة المسجد أو جماعة الكنيسة. يقولها الكتاب المقدس بهذه الطريقة: «إذ الجميع اخطؤوا وأعوزهم مجد الله» (رومية ٢٣ : ٣).

عندما ينتشر الدين باستخدام القوة والتخويف والإكراه، فإنه يتطلب نفس الأساليب للحفاظ عليه. وهذا يثير الخوف بدلا من الإيمان الحقيقي. لقد تعلمت الكنيسة هذا الدرس من خلال الأخطاء المؤلمة في القرون الماضية. هل يمكن أن يكون الآن هو دور الإسلام لتعلم هذا الدرس؟

الفصل الرابع

الجهاد الأصغر

في الآونة الأخيرة، تحدث إمام مسجد قريب مع صف الدراسات الإسلامية، وكان مصرا على أن داعش وبوكو حرام والشباب وغيرها من الجماعات الإسلامية العنيفة ليست إسلامية حقا. وقال ان الإسلام هو «دين السلام».

ولقد أكد ما قرأته في أماكن أخرى: بان الجهاد الأكبر أو الأول هو العمل ضد الخطأ بالكلمات والأفعال السلمية. ومن المفهوم على أنه نضال شخصي لجعل النفس أكثر نقاوة فتلتصق بمزاولة الدين الإسلامي. لقد وجدت أنه كلما كبر الإنسان بالسن وأصبح أكثر وعيا في الحياة، زاد من التركيز على الجهاد الأكبر وهذا يشمل معظم المسلمين. الكثير من المؤمنين الناضجين لا يوافقون على الجهاد العنيف، مع الاعتراف بأن القرآن والحديث يسمح به، وحتى يطلبه.

وفي الوقت نفسه، فإن الحركة السلفية، أو الأصولية الإسلامية، تعزز الجهاد الصغير، وهو الالتزام بالعنف، ويصر على أن أولئك الذين لا يشتركون في هذا الالتزام ليسوا بمسلمين حقيقيين.

دعوة إلى التطرف.

ولعل الشباب المسلم يتطرف عندما يدرس أن الضعفاء فقط لا ينخرطون في الجهاد العنيف ضد الكافر والمرتد.

أود أن أعتقد أن الجهاديين العنيفين هم الأقلية، ومعظمهم من الشباب المثاليين الذين لم يختبروا بعد ويتعرفوا على الاحترام والشرف والمحبة. أو ربما هم أولئك الذين يعيشون في ظروف مؤسفة وصعبة يفعلون أي شيء ولا يروا سوى مستقبل قاتم، فيحرقون بالغضب والكراهية.

هنا بعض الآيات من القرآن التي تتحدث عن شيء آخر غير النضال الشخصي من أجل النقاء.

إِذْ يُوحِي رَبُّكَ إِلَى الْمَلَائِكَةِ أَنِّي مَعَكُمْ فَثَبِّتُوا الَّذِينَ آمَنُوا سَأُلْقِي فِي قُلُوبِ الَّذِينَ كَفَرُوا الرُّعْبَ فَاضْرِبُوا فَوْقَ الْأَعْنَاقِ وَاضْرِبُوا مِنْهُمْ كُلَّ بَنَانٍ (سورة الأنفال ١٢)

فَإِذَا انْسَلَخَ الْأَشْهُرُ الْحُرُمُ فَاقْتُلُوا الْمُشْرِكِينَ حَيْثُ وَجَدْتُمُوهُمْ وَخُذُوهُمْ وَاحْصُرُوهُمْ وَاقْعُدُوا لَهُمْ كالمرصد فَإِنْ تَابُوا وَأَقَامُوا الصَّلَاةَ وَآتَوُا الزَّكَاةَ فَخَلُّوا سَبِيلَهُمْ إِنَّ اللَّهَ غَفُورٌ رَحِيمٌ (سورة التوبة ٥)

قَاتِلُوا الَّذِينَ لَا يُؤْمِنُونَ بِاللَّهِ وَلَا بِالْيَوْمِ الْآخِرِ وَلَا يُحَرِّمُونَ مَا حَرَّمَ اللَّهُ وَرَسُولُهُ وَلَا يَدِينُونَ دِينَ الْحَقِّ مِنَ الَّذِينَ أُوتُوا الْكِتَابَ حَتَّى يُعْطُوا الْجِزْيَةَ عَنْ يَدٍ وَهُمْ صَاغِرُونَ (سورة التوبة ٢٩)

فَإِذَا لَقِيتُمُ الَّذِينَ كَفَرُوا فَضَرْبَ الرِّقَابِ حتى إِذَا أَثْخَنْتُمُوهُمْ فَشُدُّوا الْوَثَاقَ فَإِمَّا مَنًّا بَعْدُ وَإِمَّا فِدَاءً حتى تَضَعَ الْحَرْبُ أَوْزَارَهَا ذَلِك وَلَوْ يَشَاءُ اللَّهُ لَانْتَصَرَ مِنْهُمْ وَلكِنْ لِيَبْلُوَ بَعْضَكُمْ بِبَعْضٍ وَالَّذِينَ قُتِلُوا فِي سَبِيلِ اللَّهِ فَلَنْ يُضِلَّ أَعْمَالَهُمْ. (سورة محمد)٤

يَا أَيُّهَا النَّبِيُّ جَاهِدِ الْكُفَّارَ وَالْمُنَافِقِينَ وَاغْلُظْ عَلَيْهِمْ وَمَأْوَاهُمْ جَهَنَّمُ وَبِئْسَ الْمَصِيرُ (سورة التحريم ٩)

هناك حديث من صحيح البخاري، المجلد. ٩، كتاب ٨٤ - ٥٧ الذي يقرأ: «من غيّر دينه الإسلامي، اقتله» (انظر أيضا القرآن سورة النساء ٨٩).

ان الكلمات المذكورة أعلاه تأتي من فم محمد. فان المسلمون الذين يتركون الإسلام أو حتى يتصرفون بطريقة تعتبر غير إسلامية يجب أن يقتلوا. ومن

المرجح أن هذا الدافع هو ترهيب قلوب المسلمين، الذين يجب أن يطيعوا ويتبعوا القيادة القوية "ذو دوافع حماية شرف المجتمع والإسلام عموما.

عناوين الصحف

منذ أكثر من عقد وأنا اقرأ عن الجهاديين العنيفين الذين يقتلون المسلمين وغير المسلمين من المدنيين والنساء والأطفال بالآلاف. لم يكن الكثير منهم من الأعداء، ولكن ببساطة انهم الأبرياء الذين لا يعتقدون أن محمد يمثل حقا الله. وقد قتل الأطفال – حتى الذين لم يولدوا بعد، لأنهم لا يستطيعون الاعتقاد، بسبب سنهم. هناك أكثر من حماس ديني. إن الحقد والغضب واليأس والكراهية الذاتية وحدها هي التي تدفع الناس إلى ارتكاب مثل هذه الأعمال العنيفة التي لا توصف. هذه البربرية يمكن أن تدفع الناس للجنون. وهذا يدمر كل من الضحية والجاني.

لَا إِكْرَاهَ فِي الدِّينِ قَدْ تَبَيَّنَ الرُّشْدُ مِنَ الْغَيِّ فَمَنْ يَكْفُرْ بِالطَّاغُوتِ وَيُؤْمِنْ بِاللَّهِ فَقَدِ اسْتَمْسَكَ بِالْعُرْوَةِ الْوُثْقَى لَا انْفِصَامَ لَهَا وَاللَّهُ سَمِيعٌ عَلِيمٌ. (سورة البقرة ٢٥٦)

ومع ذلك هناك إجبار في الدين على المسلمين وغير المسلمين، وكلها تعاقب في القرآن.

هل علينا ان نصدق أن الإمام الذي يقول بان قطع الأعناق غير إسلامي؟ أم أن الجهاديين العنيفين يفسرون القرآن بشكل أدق في دعوتهم لهجمات ضد الكفار؟ ويا للأسف والحزن أن الأدلة واضحة؛ لسنوات الآن وأنا اقرأ هذا الإجرام كل يوم في عناوين الصحف الصباحية وارى ذلك على شاشة التلفزيون والإنترنت.

«دين السلام؟ «هل يتحقق السلام عندما يقتل المرتدون ويضطر غير المؤمنون إلى التحول إلى الإسلام ضد إرادتهم؟ هل يمكن للشخص أن يجد الإيمان بالله والرغبة في تكريس حياته كلها لعبادته في حين يتم الضغط بالسكين على عنقه؟

كتاب العهد الجديد، نجد ثلاثة مصطلحات للحب: إيروس، فيليو، واغابه.

إيروس هو الحب المثير الذي يرتكز على ما هو من الطبيعة الدنيوي، على سبيل المثال، حب الموسيقى والفن والأدب والجنس، وقد يشمل أشياء أخرى مادية وزائلة. فما هو من الأرض سهل التلف.

فيليو هو الحب الأخوي - كحب الأسرة، الأصدقاء، أو الزوج، وأنه هو أيضا ارضي وبالتالي يمكن ان يزول.

أما أغابه هو ما يشير إليه الكتاب المقدس على أنه حب الله للبشر، أولئك الذين هم على صورته ومثاله. أغابه هو نوع من الحب الذي يهمنا أكثر من غيره. حب الله بالنسبة لنا لا يمكن أن يكون زائلا.

في كتاب سفر التكوين في الكتاب المقدس، من بين الكائنات التي تم خلقها فقط التي تحدثت ومشت مع الله هم البشر آدم وحواء. كان يمكن أن يمشوا ويتحدثوا مع الله ويوطدون العلاقة به، لأنه خلقهم على صورته ومثاله، وبالتالي. الله أحبهم وهم أحبوا الله. انه لا يزال يحب البشر بهذا الحب العاطفي. ان الله يحب الثناء والعبادة التي نقيمها له وهو يعبر عن حبه لنا في رغبته بأن نكون معه إلى الأبد في الجنة.

ان الكتاب المقدس مليء بعبارات محبة الله للبشرية، ولكننا سوف نختصر هذه الشواهد ببعض من الفصول المختارة.

إنجيل يوحنا ١٦ : ٣

لأنه هكذا أحب الله العالم حتى بذل ابنه الوحيد لكي لا يهلك كلّ يؤمن به بل تكون له الحياة الأبدية.

هذه هي على الأرجح أفضل آية في الكتاب المقدس بأكمله. لماذا؟ لأنها تعرض الحقيقة الأساسية لنا وهي ان خالقنا يحبنا كثيرا. وقد تكون صدمة، لأننا نشعر عادتا أننا لسنا بمحبوبين.

الفصل الخامس

الرحمة، النعمة، وتعاطف الله

الله الرحمن الرحيم، العطوف والكريم.

وكثيرا ما توجد كلمات مثل تلك المذكورة أعلاه في القرآن الكريم. كالتي نجدها في سورة الفاتحة:

بِسْمِ اللَّهِ الرَّحْمَٰنِ الرَّحِيمِ (١) الْحَمْدُ لِلَّهِ رَبِّ الْعَالَمِينَ (٢) الرَّحْمَٰنِ الرَّحِيمِ (٣) مَالِكِ يَوْمِ الدِّينِ (٤) إِيَّاكَ نَعْبُدُ وَإِيَّاكَ نَسْتَعِينُ (٥) اهْدِنَا الصِّرَاطَ الْمُسْتَقِيمَ (٦) صِرَاطَ الَّذِينَ أَنْعَمْتَ عَلَيْهِمْ غَيْرِ الْمَغْضُوبِ عَلَيْهِمْ وَلَا الضَّالِّينَ (٧)

من الواضح أنه يزعم في القرآن أن الله رحوم، عطوف وكريم. ومع ذلك، فإن المؤشرات من الإسلاميين المتطرفين الحاليين هو أن المسلم الوحيد الذي يمكن أن يحصل على الغفران ويعرف انه أو أنها سوف يدخل الجنة هو الذي يموت كشهيد. حتى وإن الله قد يغير رأيه. لا يوجد ضمان للخلاص والمغفرة في الكتب المقدسة الإسلامية. ان ميزان الأعمال الصالحة مقابل الأعمال السيئة هو فكرة مخيفة لأي شخص يدرك ذاتيا شكوكه وجنون أفكاره ورغباته. بعد كل شيء، يقال ان الله يعرف كل أفكار ورغبات القلب والعقل.

الرحمة، التعاطف، والنعمة، كما تفهم عادة في الكتاب المقدس، لها علاقة مع الغفران، المحبة واللطف. هذا ما جاء في الكتاب المقدس المسيحي عن ماذا تشبه المحبة والغفران:

ما هو الحب؟

يمكن تعريف الحب بطرق مختلفة تماما. من اللغة اليونانية كما وجدت في

المناشدة

الإبطال

في مناقشة أجريت مؤخرا مع مسلم علّامة اعتبره صديق، جاء موضوع الإبطال. بدأ يقول لي أن المواد عن الجهاد الأصغر في القرآن تم وضعها جانبا واستبدلت أو الغيت باستعمال الآيات التي تتحدث بلطف وسلام عن «أهل الكتاب»، بل عن جميع الشعوب.

لقد اجبت بأن الكلمات اللطيفة والجيدة عن اليهود والمسيحيين أعطيت في وقت مبكر في مكة المكرمة، في حين ان الكلمات القاسية قد أعطيت في وقت لاحق في المدينة المنورة. هل يعمل الإبطال إلى الأمام في الوقت المناسب وكذلك إلى الخلف؟

ربما لا يعمل الإبطال وفقا لخط زمني ثابت، مع ما قبل زمن محدد أو ما بعد. إذا لم يكن كذلك، على أي أساس يبرر الإلغاء؟ هل يمكن لأي شخص أن يبطل تأييدا لأي موقف، أم أن هناك مجموعة محدودة من عمليات الإبطال المتفق عليها عموما التي يلتزم بها جميع المسلمين؟

أم أن الإبطال هو أداة تعمل جنبا إلى جنب مع التقية، كوسيلة للحفاظ على شرف الإسلام من خلال طرح أي حجة – بغض النظر عن الحقيقة – التي هي مناسبة في أي حالة معينة؟

إن العنف والاستبداد الديني يصعب الدفاع عنه وفرضه كممارسة صالحة. ويصر المتطرفون على أن الجهاد الأصغر إلزامي من أجل انتشار الإيمان بمحمد والقرآن. في حين انه يرفض المسلمون الآخرون العنف ويعلنون على أنه غير إسلامي. فمن هو على حق؟

إنشاء الله، الحقيقة ستنجلي.

الرسالة ١ يوحنا ٤ : ٧-١٢

أيها الأحباء لنحب بعضنا بعضاً لان المحبة هي من الله وكل من يحبّ فقد ولد من الله ويعرف الله. ومن لا يحب لم يعرف الله لان الله محبّة. بهذا أظهرت محبة الله فينا ان الله قد أرسل ابنه الوحيد الى العالم لكي نحيا به. في هذا هي المحبة ليس أننا نحن أحببنا الله بل انه هو احبنا وأرسل ابنه كفّارة لخطايانا. أيها الأحباء ان كان الله قد احبنا هكذا ينبغي لنا أيضاً ان نحبّ بعضنا بعضاً. الله لم ينظره أحد قط. ان احبّ بعضنا بعضاً فالله يثبت فينا و محبته قد تكلمت فينا.

الآية المفضلة لدي هي العاشرة، والتي قد وضعتها في خط داكن أعلاه. وهي تبين أن حب الله يقوم على النعمة والرحمة وليس على قدرتنا نحن ان نحب الله. نحن محبوبون، وهذا هو الأهم.

وأيضا في الآية العاشرة نجد كلمة «كفارة» وهي ما تعني أن الله قد عمل لإزالة أخطاؤنا لتلبية متطلباته الخاصة. فإن جهودنا في مسامحة أنفسنا غير مجدية ومستحيلة. ليس هناك أي عمل جيد يمكننا ان نصنعه، حتى لو كان الموت في سبيل الله، يمكن أن يساعدنا في مسامحة أنفسنا.

ان جوهر الديانة المسيحية هو أن يسوع مات من اجلنا ليغفر لنا خطايانا السابقة والحاضرة وما سيصدر عنا في المستقبل. أنها لنعمة مذهلة! مات البار من اجل الخاطئ. هذا ما تعنيه كفارة.

الحب الأبدي

ما هو من الله لا يمكن أبدا نكرانه. نحب أن نقول: «ما أُنقذ، دائما مُنقذ،» لأنه يؤكد على حقيقة خلاصنا، فهو الوعد المؤكد من السماء، لا يمكن بأي طريقة أو وسيلة أن يؤخذ. هذا ما قاله أولاً بولس الرسول في رسالته الى أهل رومية ٨: ٣٥-٣٧

من سيفصلنا عن محبة المسيح . أشدة أم ضيق أم اضطهاد أم جوع أم عري أم خطر أم سيف . كما هو مكتوب أننا من اجلك نُمات كل النهار . قد حسبنا مثل غنمٍ للذبح . ولكننا في هذه جميعها يعظم انتصارنا بالذي احبنا .

إذا لم يكن ذلك واضحا بما فيه الكفاية ، فواصل بولس مع الرومانيين قائلاً ٨ : ٣٨-٣٩ :

فاني متيقّن انه لا موت ولا حياة ولا ملائكة ولا رؤساء ولا قوات ولا أمور حاضرة ولا مستقبلة ولا علو ولا عمق ولا خليقة أخرى تقدر ان تفصلنا عن محبة الله التي في المسيح يسوع ربنا .

النعمة

يعبر الله عن حبه لنا من خلال إعطاءنا النعم . النعمة هي هدية الله المجانية من الغفران والخلاص . تعطينا النعمة ما لم نتمكن من كسبه ، على الرغم من ما نجاهده . ليس علينا أن نموت باسم المسيح ، لأن ذلك سيكون عملا ، ولا يخلص أحد بفعل العمل . هذا ما جاء في الرسالة الى أفسس ٢ : ٨-٩ :

لأنكم بالنعمة مخلّصون بالإيمان وذلك ليس منكم . هو عطية الله . ليس من اعمالٍ كيلا يفتخر أحد .

ان النعمة والإيمان هم هدية . الله يعطينا ما لا نستحقه وما لا يمكن ان نكسبه ، وهذا كله لأنه يحبنا . فلا يفتخر أحد من أعماله أو صلاحه ، وكيف يمجد اسم الله ليأخذ مكان هديته المجانية . فهذا هو الحب .

إن شاء الله ، تكون نعمة ومحبة الله علينا وفينا إلى الأبد الأبدين .

التباين الثالث

المحبة والخوف

هناك تناقض حاد بين الإسلام والمسيحية له علاقة بالحب مقابل الخوف.

لا يمكننا ان نحدد الخوف في نفوسنا بسهولة. فأحد الطرق لاكتشافه هو دراسة الكراهية في حياتنا. في المجمل نحنٍ نكره ما نخشى. إذا كنا نخاف عِرق معين أو مجموعة من الناس، غالبا ما نكّن الكراهية لهم. وإذا كنا نخشى عقيدة أو دين معين، فإننا سنكره الذين يلتزمون بهذا الدين، وهذا يبدأ على مستوى اللاوعي.

هناك مسيحيون يكرهون المسلمين، لأنهم يخشونهم. كذلك الأمر، هناك مسلمون يكرهون المسيحيين، لأنهم أيضا يخافوهم.

ان أحد الآمال في كتابة هذا الكتاب هو جعل الخوف والكراهية بين المسلمين والمسيحيين يتضاءل، مما يسمح لنا دراسة القضايا الحساسة ضامنين الاحترام المتبادل. نحن المسيحيون مأمورون بحب أولئك الذين يكرهوننا، لأن «الله أحب هذا العالم».

الخوف عند المسلمون

وكجزء من بحثي عن الإسلام، جمعت قائمة بالأشياء التي يخشاها المسلمون:

- يوم الدينونة
- الذهاب إلى الجحيم
- الشر والشيطان
- الجن والملائكة الشريرة، اللعنات، والسحر

- الغرب أو الثقافة الغربية
- النساء
- ان يعتبر ضعيف أو كافر ملحد
- القادة في المسجد
- عدم الصدق بما فيه الكفاية
- عدم أداء الطقوس بشكل صحيح
- الله ، الذي يضلل
- الأنترنيت
- التعليم
- القرآن
- التفكير بشكل مستقل أو التساؤل في الديانة الإسلامية

بسبب الخوف ، العديد من المسلمين يقعون في فخّ الإنكار . في الدول الغربية حيث المسلمون لديهم السهولة في الوصول إلى البرامج الإخبارية وغيرها من وسائل الإعلام ، يضطرون إلى الحفاظ على ما تعلموه لأنفسهم ، وكبح معرفتهم .

في الكثير من الأحيان يخشى المسلمون من التحقيق والبحث في الأمور الدينية بأنفسهم ، وقد يكون من الخطورة في التشكيك في أقاويل زعيم ديني . فالتعليم محفوف بالخوف .

الخوف عند المسيحيون

الكتاب المقدس يعلم المسيحيين عدم مخافة الشيطان ، والشريرين ، أو أي شيء آخر . ليس على المسيحيين ان يخشوا أعدائهم ، بل عليهم ان يصلوا من أجلهم وان يحبوهم .

ان المسيحيين لا يخشون الذهاب إلى الجحيم، لأن يسوع أنقذهم منه وأعطى جميع المؤمنين به ضمان السماء. لا شيء على الإطلاق يمكن فصل المسيحيين عن حبه. لا شيء في كل ما خُلق يمكن أبعاد الأمان الذي لدينا في يسوع المسيح.

> يكتب الرسول يوحنا: «لا خوف في المحبة، بل المحبة الكاملة تطرح الخوف الى الخارج. لأن الخوف له عذاب وأما من خاف فلم يتكمل في المحبة» (١ يوحنا ١٨ : ٤).

وهكذا بالنسبة للمسيحيين، ان محبة الله هي التي تسمح لنا أن نبقى محصنين ضد الخوف.

الفصل السادس

الطاعة .

المؤمنون يطيعون .

يتم الوفاء بالطاعة عند الإسلام حين يقوم المرء بمزاولة أعمدتها الخمسة ، وتلاوة الصلوات اليومية في المسجد إذا كان المرء في مكان قريب ، وممارسة المراسيم الرئيسية للدين بأمانة .

الإسلام يشمل كل شيء ؛ فتكون حياة الشخص كاملة في كونه مسلم جيد . ليس هناك تقسيم أو فصل بين الحياة العلمانية والدينية .

يمكن للمرء أن يكون بمظهر الطاعة على مرأى من الأمة ، ومجتمع المسلمين . إلا أن سلوك المرء لا يعكس دائما خَفاي العقلٍ والقلب . يمكن للمرء أن يظهر بمظهر الطاعة من الخارج لكن قد يخفي أفكاراً خطيرة أو خلل في الإيمان من الداخل . جميع الديانات الإيمانية ، بما في ذلك المسيحية ، تدرك إمكانية أخذ مظهر التقوى على خلاف ما يضمنه القلب ، لأننا لا نستطيع أن نرى ما في داخل قلب الإنسان .

الحب مقابل الخوف

ما الذي يحفز الطاعة؟ هل هو حب الله أو الخوف من الله؟ الجواب على هذا السؤال يشكل عالم من الاختلاف .

هل من الممكن أن بعض المسلمين يطيعون ليس من الحب ولكن من الخوف؟ أليس هناك ما يدعو إلى الخوف عند مراعاة ما يلي :

- قد تتفاعل الأمة وأسرت الفرد بقوة إذا لم يقم بواجباته الدينية كما هو متوقع .

• في اعتقاد المرء، يجب ألا يصبح المرء ضعيفا.

• على المرء أن يطيع رغبات الأب أو الزوج إذا كانت امرأة، أو أن يصبح في خطر الإجراءات المتخذة من أجل شرف الأسرة.

• يجب على المرء أن يكون حذر لدرء الجن وتأثير الشيطان.

• في نهاية المطاف، يمكن للمرء أن يذهب إلى الجحيم وليس الى الجنة، لأنه يمكن أن يضل أو يُخدع، حتى من قبل الله نفسه.

هناك مجموعة من المخاوف التي قد تحفز بعض المسلمين على التظاهر بالطاعة.

الطاعة المسيحية

المسيحيون أيضا مدعوون للطاعة، عليهم ان يعيشوا حياة ترضي الرب إلهنا. ومع ذلك، طاعة المسيحي لا تقوم على الخوف ولكن على حب الله وللنعمة والرحمة التي يجذلها له.

ما زلنا على يقين بأننا قبل أن نهدى للإيمان، كنا نهيم تائهين ومدانون إلى الجحيم. كان الوضع يائسا، حتى أخذ يسوع كل أخطاؤنا الماضية، الحاضرة، والمستقبل على عاتقه. لقد مات الموت الأبدي في الجحيم الذي نستحقه، حتى لا نضطر إلى تحمل عواقب خطايانا. «في هذا هي المحبة ليس أننا نحن أحببنا الله بل انه هو احبنا وأرسل ابنه كفّارة لخطايانا.» الكفّارة تعني أن يسوع اتمّ المطالب القانونية والروحية من لله عوضاً عنا على الصليب.

وبينما كنا نتمرد، نخطي، ونجدّف، غفر الله لنا كل شيء بسبب ما فعله يسوع على الصليب. لقد انتصر على إبليس وجميع الشياطين، فكان جليل، فأنقذنا من كل خطيئة ومن الجحيم.

بناء على هذه الرحمة، هذه النعمة وهذا الحب، نحن مدعوون لنتبع يسوع. هذا هو السبب في ان المسيحيين يدرسون الكتاب المقدس كثيرا، ولماذا حياة

يسوع المسيح هي مهمة جدا بالنسبة لنا. نقرأ ما فعله وما قاله. نتعلم ما هي الطاعة الحقيقية، والتي يمكن تلخيصها في الوصايا العظيمة: أحب الله من كل قلبك وعقلك وقوتك، وأحب جارك كنفسك.

الطاعة المسيحية تقوم على الحد الأدنى من أداء الطقوس، وهذا هو، القيام بالأمور المطلوبة. لكنه هو بالأكثر مسألة قلب وعقل. على الأعمال ان تأتي طبيعية من الداخل وتنبع من القلب.

المسيحيون لا يحتاجون إلى القيام بأشياء لحماية أنفسهم من الشرّ. لقد هزم يسوع جميع القوى الشيطانية، بما في ذلك رئيس الشياطين، إبليس. المسيحيون لا يمارسون السحر، والشعوذيات، واللعنات. نحن لا نسعى إلى معرفة المستقبل، لأن كل المستقبل الذي نحتاج إلى معرفته هو موجود في الكتاب المقدس. نحن لسنا بحاجة إلى ارتداء الطلاسم أو التعويذات أو الاحتفاظ بها في منازلنا، بما في ذلك العين الشريرة، التي هي مجرد سحر غير فعال. لدينا قوة موثوق بها في العمل النهائي من يسوع على الصليب، الذي يحمينا ضد كل الشر.

المسيحيون لا يخشون الشياطين أو الملائكة السيئة. استنادا للكتاب المقدس، لا توجد أشياء مثل الملائكة سيئة. فهي ليست سوى مجرد شياطين في تمويه.

من خلال تلاميذه يسوع يطرد الشياطين حتى في أيامنا هذه. لقد شاركت في هذا النوع من الطقوس، وشهدت مئات من الشياطين تطرد خارجاً من مئات من الناس، واستمر في تقديم هذه الخدمة حتى اليوم.

أخيرا، المسيحيون لا يخشون، ولا ينبغي أن يخشوا ما يعتقده المجتمع أو يفعل. فإن القساوسة وأعضاء الكنائس يهتمون حقاً بأفراد جماعتهم، فالخلاص ليس مرتبط بالكنيسة، بالمؤسسة، الأسرة، أو المجتمع؛ وحده يسوع المسيح هو المخلص. لقد كنت جزءا من عدد من الطوائف المختلفة، وكنت لفترة طويلة مستقلاً. فكثير من المسيحيين ليسوا جزءا من أي كنيسة

أو طائفة محددة، ولكنهم يتبعون يسوع، يطيعونه ولا يخافون فيما يتعلق بخلاصهم وبيتهم الأبدي.

الطاعة الحقيقية للمسيحية تقوم على ما فعله الله من خلال المسيح لنا ناتج عن حبه بلا حدود. نحن مخيرون، لسنا مسيرون، على أساس النعمة وحدها، التي تلهمنا أن نعتقد، وهذه بدورها تلهمنا أن نطيع.

إن شاء الله، فإن أعمالنا الخارجية بالطاعة ستعكس قلبا يحفزه حقا محبة الله.

المناشدة

هل التَغير ممكِن؟

في وقت مبكر من الفترة المكية، قبل هجرة محمد إلى المدينة المنورة، قال انه تبنى المواجهة الغير العنيفة مع أولئك الذين عارضوه. وكان هذا واضح في القرآن سورة النحل ١٦: ١٢٥-١٢٨. ولكن عندما ظهرت معارضة لرسالة محمد في المدينة المنورة، سمح بالقتال الدفاعي. وهذا واضح في القرآن سورة البقرة ٢: ١٩١.

في نهاية المطاف، لم يكن القتال الدفاعي كافيا، وبينما في المدينة المنورة، تلقى محمد أوامر من الله لمحاربة جميع الكفار، بما في ذلك اليهود والمسيحيين. وهذا واضح من القرآن في سورة التوبة ٩: ٥ و ٢٩. وجاءت هذه الآيات لاحقاً حين كان في المدينة المنورة وهي أكثر سلما من المقاطع التي وردت في وجوده بمكة المكرمة. وبالتالي فإنها تلغي المقاطع التي تدعوا لعدم المواجهة. وبناء على القرآن، فإن الانخراط في الجهاد العنيف هو اسلاميّ.

التقدميين

«التقدمية» هي واحدة من عدة مصطلحات تستخدم لوصف المسلمين الذين يأملون في العيش في سلام وتجنب المواجهة المباشرة مع غير المسلمين. هؤلاء المسلمين في الغالب، وإن لم يكن تماما، موجودون في الدول الغربية. وقد يشاركون في الجهاد «الأكبر»، ولكنهم يريدون العيش في سلام.

إن المشكلة الحالية هي أن المتطرفين في المجتمعات المحلية المسلمة يمارسون السلطة، والمسلمين التقدميين قد يتعرضون للتهويل من قبل أولئك الذين يعتزمون تنفيذ الجهاد العنيف. في الوقت الحاضر، الحياة صعبة للمسلمين

الذين يرغبون في العيش في سلام وانسجام مع المجتمع من الديانات الأخرى.

<u>مناشدة</u>

هل يبرر العنف انتقاما لما فعله الصليبيون المسيحيون قبل ١٠٠٠ سنة؟ إن العنف في الوقت الحالي لا يبرر أبدا التجاوزات التي تعرض لها المسلمون منذ قرون. يجب أن نعيش الحاضر ونواجه الواقع بالتعاطف والحكمة.

هل مفهوم المسلم للجهاد يتغير؟

الفصل السابع

الوصول الى الجنّة

صلاتي لكم هو أننا سنكون معا في جنة الله .

جدال يسوع

القرآن الكريم سورة النساء تقرا ١٥٧

«وَقَوْلِهِمْ إِنَّا قَتَلْنَا الْمَسِيحَ عِيسَى ابْنَ مَرْيَمَ رَسُولَ اللَّهِ وَمَا قَتَلُوهُ وَمَا صَلَبُوهُ وَلَكِنْ شُبِّهَ لَهُمْ وَإِنَّ الَّذِينَ اخْتَلَفُوا فِيهِ لَفِي شَكٍّ مِنْهُ مَا لَهُمْ بِهِ مِنْ عِلْمٍ إِلَّا اتِّبَاعَ الظَّنِّ وَمَا قَتَلُوهُ يَقِينًا»

الفكرة القائلة بأن يسوع لم يصلب كانت من قبل الغنوصيين الذين يعيشون منذ قرون في الجزيرة العربية قبل عصر محمد . هذا التعليم ، يُدعا دوسيتيسم ، ويقول إن يسوع المسيح لم يصلب بل شبه به ، ولكن شخص آخر صلب مكانه . هذا اعتقاد أساسي في الإسلام . محمد اعتقد به ، لأن هذه هي القصة التي عرفها منذ طفولته .

مركزية الصليب

في التفكير المسيحي ، يسوع هو الكمال ، خروف الله البار ، الذي مات من أجلنا على الصليب . إن نتيجة الخطيئة هي الموت المحتم والجحيم ، فأظهر الله حبه لنا عندما وضع كل خطايانا في تضحية الكمال . حمل يسوع المسيح خطايانا على الصليب ومات من أجل خلاصنا .

المسيحية هي الدين الوحيد الذي نجد الله متواضع حتى الموت - والموت على الصليب - لتحيا البشرية ويمكنها ان تعيش أبداً معه في الجنة . وفى اليوم

الثالث بعد صلبه يوم الجمعة، ارتفع من القبر يوم الأحد. «وليس بأحد غيره الخلاص. لان ليس اسم اخر تحت السماء قد اعطي بين الناس به ينبغي ان نخلص.» أعمال الرسل ١٢ : ٤. والذي «يُخلّص» لديه ضمان الدخول إلى الجنة الأبدية مع الله.

كتب يوحنا الرسول، «ودم يسوع المسيح ابنه يطهرنا من كل خطية.» رسالة (٧ : ١)

ما فعله يسوع على الصليب غالبا ما يشار إليه باسم «الكفارة»، وهذا يعني تضحية يسوع - سُفك دمه الذي ليكفّر، عن ذنوبنا وخطايانا.

الطريق الوحيد إلى السماء

في القرآن سورة النساء ١٥٧, يشار إلى يسوع باسم «يسوع المسيح». والقرآن على حق في دعوة يسوع «بالمسيح». المسيح هو من أصل عبري ماشيح من الفعل «مشح» أي «مسح» ومعناها الممسوح بالدهن المقدس. والترجمة اليونانية هي «يسوع». وقد فهم المسيح في العصور القديمة الواحد أو الذي سيولد كرجل ويموت من أجل خطايا العالم.

هذا ما قاله إشعياء النبي عن المسيح حوالي ٧٥٠ سنة قبل ولادة يسوع: «... لأنه سكب روحه حتى الموت لكنه حمل خطيئة الكثيرين، وشفع للمذنبين» (إشعياء ٥٣ : ١٢)

هذا كله بسبب حبه الكبير لنا. «ولكن الله بيّن محبته لنا لأنه ونحن بعد خطأة مات المسيح لأجلنا. (رومية ٨ : ٥)

لا أحد ولا شيء يمكن أن يأخذ هذا الخلاص بعيدا منا، ولا حتى خطيئتنا أو غباءنا. وبمجرد أن يتم خلاصنا، لدينا ضمان لا يتزعزع بأننا سوف نمضي الابدية في الجنة مع الله.

العمل من أجل الجنّة.

إن جميع أديان العالم باستثناء الإنجيلية المسيحية موجهة نحو العمل، أي الخلاص والحياة الأبدية تعتمد على ما يفعله الإنسان وما لا يفعله، وعلى ما يؤمن به وما لا يؤمن به.

يفكر المرء في حجم الأعمال الجيدة أكثر من الأفعال السيئة، والتي ليس موثوق بها للغاية. كما ان يقال إن الموت في الجهاد يذهب المرء الى الجنة تلقائيا. هل أنت متأكد من ذلك؟ من قال ذلك، بخلاف الذين يجندون الشباب عبر الإنترنت؟ هل هذا يمكن الاعتماد عليه، أهي القاعدة لتحصل على الأبدية؟

إذا فعلت شيئا جيدا اليوم، فأنا على ما يرام؛ ولكن في ذهني فشلت فشلا ذريعا، لأنني لا أستطيع السيطرة على الأفكار السيئة التي تراودني دون انقطاع. يا له من مأزق رهيب!

لا أحد يستطيع أن يكسب الجنة. لا أحد؛ إنه مستحيل. لا يمكن إلا أن نُعطى الحياة الأبدية في الجنة كهدية. هذا ما هو يسوع المسيح. انه يعطينا الحياة. هو الطريق والحق والحياة. إنه الحقيقة.

إن شاء الله، سنكون معاً في الجنة.

التباين الرابع

جنة المسلمون، وفردوس المسيحيين

الجنة والفردوس يعنوا نفس الشيء، ولكن هناك فرقا هائلا بين كيف ينظر إليه المسلمون والمسيحيون.

جنة الإسلام

يتم تصوير الجنة للمسلمين كواحة حيث هناك الكثير من الظلال، والمياه العذبة، والغذاء، والنساء الجميلات. وهذا منطقي، لأن الإسلام تطور في المناطق الصحراوية في الجزيرة العربية.

تصبح الجنة الإسلامية استمرار للحياة على الأرض ولكن مع فوائد كبيرة، كالكماليات، والملذات. إن الحياة تستمر لفترة غير محددة من الزمن، ولكنها لن تكون أبدية.

فردوس المسيحيون

ان الجنة الموجودة في الكتاب المقدس ليست من هذا العالم. هناك السماء جديدة والأرض جديدة، فالسماء القديمة والأرض القديمة قد زالت. ان الجنة التوراتية هي الأبدية - لا تنتهي أبدا.

عندما يدخل المسيحيون الجنة، يتلقوا أجساداً جديدة مصنوعة للأبدية. نحصل على وصف الهيئات من خلال الأناجيل حيث يظهر فيها المسيح بعد القيامة لتلاميذه ويتفاعل معهم. وباستخدام ما يسمى ب «الجسد المجيد» ليسوع المسيح كمثل لما يمكن أن نتوقعه من أنفسنا، نجد أن الهيئة الجديدة لا تخضع لقيود أجسادنا الأرضية ولا تتحلحل.

في السماء، يصبح المسيحيون موجودون مع الله نفسه، وجها لوجه. ليس

هناك موت أو ألم أو حداد. يسوع يقول لنا ليس هناك زواج في السماء. سنجد العبادة رائعة، والخدمة هادفة، ونحكم جنبا إلى جنب مع الله إلى الأبد.

الفصل الثامن

الغرب المسيحي

يسعى الإسلام للانتصار على الغرب المسيحي، وكذلك على جميع الأراضي والشعوب التي لا تخضع لالله والإسلام. وهذا واضح وصريح ويعترف به جميع المسلمين.

ولكن هذا التأكيد يطرح السؤال: هل الغرب فعلا مسيحي؟ أكبر دولة غربية هي أمريكا، أسسها المسيحيون الهاربون من الاضطهاد الديني في أوروبا خلال القرنين السابع عشر والثامن عشر. ومع ذلك، ليس كل الذين عبروا المحيط الأطلسي كانوا مسيحيين.

على الرغم من أن العديد من المبادئ المسيحية أثرت في الدستور الأمريكي، مثل حرية الدين، لكن أمريكا ليست أمة مسيحية. أمريكا كمجتمع أصبحت أقل مسيحية، وهذا يعني لم يعد المسيح محورها ولا الكتاب المقدس. المسيحيون الحقيقيون، من بين الآخرين، يرون التحلل الروحي والأخلاقي في الثقافة والمجتمع الأميركي ويشعرون بالفزع.

في حين أن هناك الملايين من المسيحيين في أمريكا، لكن هناك أيضا الملايين من الأميركيين ليسوا مسيحيين. في منطقة «ميل فالاي»، كالفورنيا حيث أنا القس، نجد ان هناك البوذيين والملحدين، والوثنيين الجدد مثل ويكانز والشامان أكثر عدد من المسيحيين. عيد الفصح هو يوم تقليدي حيث يذهب فيه معظم المسيحيين إلى كنيسة من نوع ما. ومع ذلك، في «ميل فالاي» أقل من ٢٪ من السكان يحضرون الى الكنيسة. أصبح تقريبا عدد المسلمين يساوي عدد المسيحيين الآن في هذه المنطقة.

الشيطان العظيم

يستخدم مصطلح «الشيطان العظيم» لحشد الغضب والكراهية تجاه الأميركيين ردا على التراخي الأخلاقي الذي انتشر في جميع أنحاء الأرض. إسلام العالم قرؤوا خطأ الجريمة، وإدمان المخدرات، وإدمان الكحول، والطلاق، وإدمان الجنسي، وتفشي خروقات القانون، والاحتيال. هذا الخوف جعل المسلمين يدعون أمريكا بالشيطان الأعظم. بالتأكيد، العديد من المسيحيين يشعرون بأن الشيطان مشغول بتدمير الحياة في أمريكا. ومع ذلك، هذا لا يجعل أمريكا نفسها الشيطان. فإن أمريكا مجتمع مفتوح، وبالتالي عرضة للتأثيرات من مصادر كثيرة، بما فيها المصادر الشريرة.

إن أميركا اختارت صيغة حكم يحكمها ويديرها بدلا من الحكومات الأوتوقراطية الاستبدادية، كالفاشية أو الشيوعية. فإن الشعب الأمريكي بنفسه يقرر، من خلال العملية الانتخابية، من الذي سيحكم. قد يكون حكم محفوف بالمخاطر، لأن الأمور يمكن أن تسوء، ولكن الأميركيين يفضلون العيش في حرية فوضوية على الطغيان المنظم.

الأميركيون يتمتعون بفصل الكنيسة عن الدولة. وتسعى الدولة إلى الحد من الشر والمشاكل التي تضر بحياة مواطنيها وممتلكاتهم من خلال سيادة القانون. ليس هناك قانون ضد حرق الكتاب المقدس. لا يحتاج المرء إلى الخوف من الاعتقال لمهاجمة يسوع أو الإطلاق عليه أي اسم تحت الشمس، وليس هناك الكثير من الغضب عندما تحدث أي مشكلة دينية - وهذا يحدث بالكثير. ان قانون التجديف غير موجود.

صدمة؟

بعد سنوات من البحث في مجتمعات الدول ذات الأغلبية المسلمة، وفي الحديث مع المسلمين السابقين والحاضرين، وجدت أن هناك خطايا في تلك

البلدان كما هو الحال في أمريكا. والفرق هو أنه لم يتم الإبلاغ عنها في وسائل الإعلام اليومية ولكن بقت مخفية تحت الرادار. فلا بد من أن نخفي المعلومات عن المعرفة العامة خاصة تلك الأعمال التي يمكن أن تسبب العار للأسرة أو الأمة أو الوطن. ومع ذلك، فإن الواقع هو أن جميع البشر خطأة.

العديد من الخطايا التي يُعثر عليها في الغرب تصيب أيضاً البلدان ذات الأغلبية المسلمة: كتعاطي المخدرات والكحول، إلى جانب تصدير المخدرات والمواد الخام لإنتاج المخدرات؛ كذلك نجد الفساد المالي، ولا سيما عندما يكون هناك تفاوت كبير بين الأغنياء والفقراء؛ كذلك نجد القتل المتعمد باعتباره دفاعاً عن الشرف، ومعظم ضحاياه هم من النساء؛ قتل المرتدين وغير المؤمنين؛ التحيز العنصري؛ الفجور الجنسي من جميع الأنواع. وقال زعيم سابق في إيران: «ان ليس هناك مثلية جنسية في إيران». ومع ذلك، يحدث هناك اغتصاب النساء والفتيات والرجال والفتيان. ان أولئك الذين لديهم القوة والمكانة الاجتماعية يقومون باستخدام ضحاياهم كعبيد جنس.

الجميع قد خطئوا

والحقيقة هي أن جميع الناس في كل مكان على كوكب الأرض لديهم مشكلة الخطيئة. «لأنه لا فرق. إذ الجميع اخطؤوا وأعوزهم مجد الله.» (رسالة رومية ٢٣ : ٣)

ان الخطيئة هي مشكلة قديمة من الأيام الأولى للبشرية. ففي القرن السادس قبل الميلاد، قال إرميا النبي: القلب اخدع من كل شيءٍ وهو نجيس من يعرفه؟

الأميركيين والأوروبيين ولأفارقه والأميركيين الجنوبيين والإيرانيين والسعوديين والباكستانيين والمصريين والسوريين - جميع الناس من جميع الأديان والأعراق بلا استثناء - مذنبون. بمجرد إخفاء مشاكل الخطيئة وإعلان النقاء وعدم الذنب عندما لا يكون صحيحا يؤدي إلى المزيد من الخطيئة.

رسالة رومية ٢٣:٦

أنا خاطئ خُلصت بفعل الرحمة. الفرق بعد الخلاص هو أنني أكثر وعيا وحساسية من أي وقت مضى إلى الأشياء السيئة أمام الله. ومع ذلك ما زلت أفقد خُطاي في العديد من الأمور.

ان الكتاب المقدس المسيحي يعطي آمالا كبيرة لجميع شعوب العالم، ومنهم المسلمون. ان الرسول بولس، كان خاطئ رهيب، كان يرتب لقتل المسيحيين قبل اهتدائه. بعد اهتدائه للدين المسيحي كان مصعوق لمعرفة أن الله ما يزال يحبه. هذا ما قاله:

«لان أجرة الخطيئة هي الموت. وأما هبة الله فهي حياة أبدية بالمسيح يسوع ربنا.»

إن شاء الله، فلتكتشف جميع شعوب العالم مفتاح التغلب على الخطيئة.

المثلية الجنسية .

هذا الموضوع هو الأكثر حساسية ، ولكن أعتقد أنه لا يجب تجاهله .

المسلمون يرفضون المثلية الجنسية . إنه حرام بمعنى محرم . إلا أن مصادر مختلفة أفادت بأنه يمارس على نطاق واسع بين الرجال المسلمين . (لا أعرف ما إذا كانت النساء المسلمات يختبرن أو ينخرطن فيه أيضا) . الإسلام يدين المثلية الجنسية ، لكنه يُمارس رغم ذلك ، على الرغم من عدم نشره أو التكلم عنه مثل المثلية في الدول الغربية . وقد قال لي كل من الشيعة والسنة المسلمين الشيء نفسه – الكثير من الرجال المسلمين اختبروه ، مارسوه أو يتابعون ممارسته .

الممارسة وعدم التعريف

في تناقض حاد مع المثليين في أمريكا ، فإن غالبية المسلمين الذين يمارسون المثلية الجنسية ليسوا مثليين جنسيا بالفعل ، كما أنهم لا يعرفون نمط الحياة المرتبطة بالمثلية الجنسية في الغرب . فماذا يجري؟

هل من الممكن أن هرمون الشهوة يوجه الشبان الى حيث يمكنهم – أي تجاه بعضهم البعض – بسبب الحظر الصارم ضد الارتباط مع النساء خارج الزواج؟ كما ان ، العديد من الشباب المسلمين لديهم صعوبة في العثور على زوجات لأسباب مختلفة ، بما في ذلك أن كبار السن من الرجال قد يكون لديهم أكثر من زوجة .

رمي الحجر الأول

في الفصلين ٧ و٨ من إنجيل يوحنا نجد قصة امرأة قبض عليها بفعل الزنا .

جلبت من قِبل السلطات الدينية الى يسوع لرؤية ما سيفعله.

من المحتمل أن السلطات استخدمت الوضع من أجل اختبار يسوع. فإن القانون ينص على عقوبة الزنا بالرجم حتى الموت (تثنية ٢٢ : ١٣-٢١). هل يسوع يؤيد القانون أم لا؟

فخاطب يسوع الجمع وقال لهم: من كان منكم بلا خطيئة فليرمها اولاً بحجر. (يوحنا ٧ : ٨) وأما هم فلما سمعوا وكانت ضمائرهم تبكتهم خرجوا واحداً فواحداً مبتدئين من الشيوخ الى الآخرين. فقال يسوع للمرأة: أين هم أولئك المشتكون عليك؟ أما دانك أحد؟ ثم قال يسوع، «ولا أنا أدينك. اذهبي ولا تخطئي أبداً.» (يوحنا ٨ : ١٠-١١).

دعا يسوع سلوكها بالخطيئة. انه يعرف الضعف البشري وفهم كما لم يفهم أي شخص آخر على الأرض عواقب الخطيئة المروعة. يسوع يحب الخاطئ ويريد فقط أن تغفر خطاياه ويطهر.

قال يسوع: «تعالوا اليّ يا جميع المتعبين والثقيلي الأحمال وأنا أريحكم. احملوا نيري عليكم وتعلموا مني. لأني وديعٌ ومتواضع القلب. فتجدوا راحةً لنفوسكم.»(متى ١١ : ٢٨-٣٠)

الفصل التاسع

حول الشر

على الرغم من أن كل من الإسلام والمسيحية تأخذ الشيطان على محمل الجد ولا تتساءل عن وجوده ولا عن وجود الشياطين، لكن هناك اختلاف مذهل بين الجن والملائكة السيئة والإبليس وشيطان عند الإسلام، من الشياطين وأبالسة الكتاب المقدس.

خلاف واحد هو أنه لا توجد «ملائكة سيئة» في الكتاب المقدس فقط شياطين، والتي هي ملائكة ساقطة أو هاوية. هناك شيطان واحد، أو إبليس، وعدد لا يحصى من الشياطين الذين يتبعونه وهم ينفذون أوامره وهم تحت سيطرته.

لكن في الإسلام، ليس فقط هناك ملائكة سيئة، ولكن هناك أيضا خمس فئات من الشياطين، وهذه الكائنات لديها قوة كبيرة.

الإسلام الشعبي

إن الممارسات الفعلية للمسلمين في أجزاء كثيرة من العالم تختلف إلى حد ما عن عقيدة الإسلام الرسمية. في حين كنت أتجول في البازار الكبير في إسطنبول، تركيا، مررت بمتاجر عديدة تقدم أشياء غامضة للبيع، مثل العين الشريرة أو عين الزرقاء، ويُعتقد أنها تحمي من الجن والعين الفارغة. هذا هو واحد من عدد لا يحصى من الأمثلة على الإسلام الشعبي.

ان ممارسات السحر وعلم الغيب دخلت الإسلام مع بدايتها في القرن السابع، ولم تكن كلها نتيجة تلاوات أعطيت لمحمد، على الرغم من بعضها. فبعض الأجهزة السحرية أصلها ومورست مع وجود وتأثير الصوفية. وغالبا ما يستخدم المسلمون وسائل غامضة مثل السحر وجلب الحظ وقراءة الغيب

واستعمال الأحجية لحماية أنفسهم من القوى الشريرة والحصول على المساعدة الروحية وخاصة لشفاء الأمراض. وليس من قبيل المبالغة القول بأن الإسلام الشعبي يهيمن عليه الخوف من قوى الشر.

مثل صلاة الروم الكاثوليك إلى القديسين الذين غادروا هذه الحياة، فإن المسلمين أيضا يستنجدون بقدسييهم الأحياء والأموات منهم للمساعدة، التي تشكل شكلا آخر من الممارسات الغامضة الروحية، وبهذا أعنى محاولة الاتصال بالملائكة والشياطين، وأرواح الموتى.

الكثير من العبادة الإسلامية تتكون من طقوس. حيث يتم وضع ضغط كبير على أداء هذه الطقوس لتقام بشكل صحيح، فإذ لم يتم إجراؤها بشكل صحيح تماما، فإنها ستكون غير فعالة. وبهذه الطريقة، فإن ممارسة الإسلام تتحول إلى خرافات والصلاة اليومية إلى شيء يشبه أحجية سحرية.

حتى القرآن أصبح نوعا ما أداة سحر للعديد من المسلمين. ان معظم المسلمين، لا يعرفوا سوى القليل عن القرآن خارج الصلوات المحفوظة باللغة العربية (لغة ٢٠٪ فقط من المسلمين في جميع أنحاء العالم)، وهذه يمكن أن تصبح أداة للحماية من الشر. إن الوضوء الذي يتم قبل الصلاة في المسجد ينظر إليها أحيانا على أنه تطهير من النفوذ الشيطاني.

والأكثر خطورة هو الاعتقاد بأنه عندما يولد أحد، تولد معه «روح مألوفة» من الجنس الآخر في نفس الوقت ولكنها من ذرية الشيطان. ويعتقد أن هذا المخلوق يصبح «ملاكا سيئا» يجلس على كتف المولود الأيسر، ويوازن بملاك جيد على الكتف الأيمن، وكلاهما يمكن أن يناشده الإنسان خلال حياته.

عقبة كبيرة للمسلمين

واحدة من العقبات الكبيرة التي تواجه اللجوء الى المسيح هو أن المسلمين يجب أن ينكروا أن المسيح قد صلب. موقفهم هو تقريبا متطابق مع موقف

الغنوسطية من الصلب المشار إليه باسم دوسيتيسم . (والدوسيتيسم تعلم أن شخصا يشبه يسوع صلب على الصليب وليس يسوع نفسه أو عموما ، أنه فقط «قد شبه به» .)

وقد تنبأ في العهد القديم (انظر مزمور ٢٢ إشعياء ٥٣) أن معاناة خادم إسرائيل ، والمعروف باسم المسيح ، سيأتي ويفدي شعبه . فتم الحدث فعلاً ، وأصبح يسوع «لعنة» بحَمل خطايانا عنا . تثنية ٢١ : ٢٢-٢٣ تكشف أذا شخصا عُلق على شجرة لُعن من قبل الله (انظر أيضا غلاطية ٣ : ١٠-١٤) . أصبح يسوع لعنة لأجلنا . لقد تلقى عقوبة الخطيئة نيابة عنا عندما عُلق على الشجرة ، الصليب الجمجمة . دم يسوع يطهر من كل الخطيئة (انظر كولوسي ١ : ١٥-٢٠) .

بسبب انتصار المسيح على الخطيئة ، لدينا النصر على الشيطان وأبالسته . وبدون ذلك نحن عرضة لحروب الكراهية والأجرام من قبل الشيطان .

دراسة الشياطين في كتاب المقدس

في الكتاب المقدس المسيحي هناك شرير اسمه الشيطان ، وهو ما يعني «الخصم» . وهناك الشياطين ، التي هي ملائكة ساقطة والذين أخذوا جانب الشيطان في التمرد ضد خالقهم . وكان هذا الشيطان في حديقة عدن ، وقد اغر آدم وحواء لعصيان قانون الله الوحيد . حواء أكلت أولا من الفاكهة المحرمة ، ثم تبعها آدم ، بذلك اكتسب الشيطان مدخل إلى التاريخ البشري .

مباشرة بعد معمودية يسوع ، ومع بدء خدمته ، قاد الروح القدس يسوع الى الصحراء حيث أغراه الشيطان لمدة أربعين يوما ، وفي كل مرة يهزم يسوع الشيطان من خلال لجوئه إلى كلمة الله .

في وقت مبكر من تعليمه ، أخرج يسوع الشياطين من المسوسين . وفي كنيس في كفرناحوم ، وهي مدينة قريبة من الطرف الشمالي الغربي من بحيرة طبريا ،

واجه يسوع رجلا كان ممسوساً يسكنه شيطان. إليك القصة:

> وكان في مجمعهم رجلٌ به روح نجس. فصرخ قائلاً أه ما لنا ولك يا يسوع الناصري. أتيت لتهلكنا. أنا أعرفك من انت قدوس الله. فانتهره يسوع قائلا اخرس واخرج منه. فصرعه الروح النجس وصاح بصوتٍ عظيم وخرج منه. (مرقس ١ : ٢٣-٢٦).

وتجدر الإشارة إلى أن روح النجس، الشيطان، تعرف من هو يسوع. الشياطين يعرفون دائما من هو يسوع ويعرفون أيضا أن الروح قدس الله تسكن أتباع يسوع. الشياطين لا يعرفون فقط من هو يسوع، ولكنهم يعرفون أيضاً أنهم تحت سلطته، فيمكن ليسوع أن يلقي بهم في الجحيم. ان الشياطين لا يخشون الناس، ولكنهم يخشون يسوع المسيح في الناس. وقد تعلم مئات الآلاف من المسيحيين أن هذا صحيح ويحصل في أوقاتنا الحاضرة كما حصلت عبر القرون. وهذا ليس في الإسلام.

علم يسوع، وشفي الناس، وأخرج الشياطين في كل مسيرة تعليمه. لم يرد أحد خائبا ولكنه رحب واستقبل المنبوذين - والممسوسين حيث يسكنهم الشيطان، فساعدهم واخرج الأرواح الشريرة منهم. حتى وأولئك الذين يعانون من أمراض فظيعة مثل البرص، المبعدين والمضطهدين، استقبلهم بأياد مفتوحة.

في وقت ما أرسل يسوع تلاميذه ليعلموا وأعطاهم هذه المهمة:

> ودعا تلاميذه الإثني عشر وأعطاهم قوة وسلطاناً على جميع الشياطين وشفاء أمراض. وأرسلهم ليكرزوا بملكوت الله ويشفوا المرضى. (لوقا ٩ : ١-٢).

في وقت آخر، كما هو مسجل في لوقا الفصل ١٠، أرسل اثنين وسبعين رسولاً آخرين. وعندما عادوا من رحلتهم التبشيرية أخبروه، يا رب حتى الشياطين

تخضع لنا باسمك. (لوقا ١٧:١٠). وبعد ذلك، لئلا يتشوفون هؤلاء المبشرين كثيراً، حذر يسوع، «ولكن لا تفرحوا بهذا ان الأرواح تخضع لكم بل افرحوا بالحري ان أسماؤكم كتبت في السماء.»(لوقا ٢٠:١٠).

يسجل كتاب أعمال الرسل بأن المسيحيين الأوائل، بمن فيهم بولس، قاموا بإخراج الشياطين. لقرون في وقت لاحق، أتباع يسوع أخرجوا وطردوا الشياطين، لحين ان، مع الأسف، الكنيسة الكاثوليكية أوقفت ومنعت طقوس طرد الشياطين، وأصبح نوع من السحر طرد الأرواح الشريرة. ومع ذلك، فإن طرد الشياطين يستمر بلا هوادة حتى يومنا هذا، وهذه حقيقة يمكنني أن أشهد عليها شخصيا.

هنا مقطعين للرسول يوحنا الرسالة الأولى:

لأجل هذا اظهِر ابن الله لكي ينقض أعمال إبليس. (١ يوحنا ٣:٨).

أنتم من الله أيها الأولاد وقد غلبتموهم لان الذي فيكم (يسوع) أعظم من الذي في العالم. (١ يوحنا ٤:٤).

إن الحقيقة البسيطة هي أن يسوع هو أقوى من الشيطان، ولا يحتاج المسيحيون إلى الخوف من الأذى الشيطاني في حياتهم، بسبب الفعل النهائي من يسوع. في كتابي، نجنا من الشرير: كيف يسوع يطرد الشياطين في أيامنا هذه، أصف عمل طرد الشياطين، استنادا في المقام الأول على تجربتي الشخصية. بعد رؤية مئات الشياطين يخرجون من مئات الناس، أستطيع أن أشهد على حقيقة أن يسوع يطرد الشياطين حتى في أيامنا هذه. إنها خدمة بسيطة إلى حد ما، حيث بإمكان أي مسيحي أن يجريها. بصراحة، ومع ذلك، القليل القليل يفعلها.

إن شاء الله، لن نعيش في خوف من القوى التي ليس لها سلطة علينا.

التباين الخامس.

الهدف الرئيسي

إن دراسة الفروق بين الأهداف النهائية للمسيحية والإسلام تكشف عن تباين مثير في وجهات النظر والعقلية. الأهداف النهائية تحدد أهدافنا ومواقفنا في الحياة، وهذا يمكن أن يوفر نظرة مفيدة.

« سوف يهيمن الإسلام على العالم»

ظهر الشعار السابق على عدد من اللافتات التي يحملها مسلمون متدينون في مظاهرة في مدينة إنجليزية.

في البرنامج الإخباري للجنة الإذاعة المركزية (CBS) ٦٠ دقيقة بثت الأحد ١٤ يونيو ٢٠١٥، تم عرض الهدف النهائي للإسلام بوضوح، مما لا يدع مجالا للشك في رأي أي شخص حول هدف الدين الإسلامي وهو: الهيمنة العالمية التي يجب ان تتحقق بكل الوسائل المطلوبة.

هذا الهدف منصوص عليه في القرآن ولا يمكن التعارض معه أو معاملته كرمز. لقد فُهم من قبل المسلمين الذين يأخذون إيمانهم على محمل الجد منذ القرن السابع.

في حين أن غالبية المسلمين يفضلون العيش ويدعون الاخر العيش بشكل سلمي، فان الإسلام لا يدار ديمقراطيا ولكن يسيطر عليه الراديكاليون بقوة والذين يعتقدون أنه من أجل إرضاء الله ومتابعة جدول أعمال محمد، يجب على الإسلام قهر جميع شعوب العالم.

ما يسمى «المتطرفين» هم في الواقع الوحيدون الذين يمثلون بصدق هدف الإسلام. أولئك الذين كافحوا من أجل وصف هدف الإسلام ضمن الإطار الصحيح سياسيا ظهروا على سذاجة، وفي الواقع الخداع، في هذه المرحلة من التاريخ في

عدم مواجهة هذه القضية كأولوية.

المسيحية لن تهيمن على العالم

أهداف المسيحية تختلف عن أهداف الإسلام.

كلف يسوع أتباعه للذهاب إلى أنحاء العالم وإعلان رسالة الإنجيل. إذا لم يتم قبول الرسالة في المنطقة، فعليهم الانتقال إلى المناطق الأخرى وجديدة.

هدفنا هو مجرد التبشير في مجيء المسيح وإعلان رسالته. نحن شهود على من هو يسوع وما فعله. نحن لسنا قضاة أو حكّام أو منفذين. فقد أوضح يسوع أن أولئك الذين يصبحون أتباعه سيكونون قليلين (انظر متى ٧: ١٣-١٤).

على الكنيسة أن تبشر بصليب يسوع وترك النتائج إلى العمل الداخلي من الروح القدس. في الواقع، لا يمكن فرض الدين في الديانة المسيحية. الإيمان في يسوع يأتي بدقة من خلال سماع رسالته. «إذاً الإيمان بالخبر، والخبر بكلمة الله» (رومية ١٠:١٧).

لا بد من الاعتراف بأن بعض الفئات المسيحية حاولت في الماضي إجبار الناس على التحول، والتعميد، والانضمام إلى الكنيسة، على الرغم من أنه من المستحيل فعلا إجبار شخص ما على أن يصبح مسيحيا. وكانت تلك الأساليب غير مدعومة، ومؤسفة، وغير فعالة على المدى الطويل. التحول الحقيقي عبر الروح القدس هو مسألة القلب والعقل، فبالروح القدس يأتي التحول من الداخل الى الخارج.

إن في كتاب الرؤيا نقرأ أن الكنيسة المسيحية سوف تعاني الاضطهاد والهزيمة على مر التاريخ. الأسوأ من ذلك هو أن تحدث هذه الأشياء قبل نهاية العصر، والتي يمكن أن تكون في أي وقت الآن. عندما يعود يسوع لجمع كنيسته في ذلك اليوم الأخير، يوم الدينونة، سيكون منتصرا ليرى العالم بأجمعه. فهو بطل الله المنتصر.

الفصل العاشر

النساء في الإسلام

في الدينة الإسلامية ، لا ينظر إلى النساء أو يعاملن على قدم المساواة مع الرجال .

القرآن ، الحديث ، والشريعة

في القرآن سورة البقرة ٢٨٢ ، نجد أن بحاجة الى شهادة امرأتين لتكوين شاهدا ، ولكن رجل واحد فقط يكفي ليكون شاهداً .

جزء من القرآن الكريم يقول في سورة النساء ٣ «فَانْكِحُوا مَا طَابَ لَكُمْ مِنَ النِّسَاءِ مَثْنَى وَثُلَاثَ وَرُبَاعَ فَإِنْ خِفْتُمْ أَلَّا تَعْدِلُوا فَوَاحِدَةً أَوْ مَا مَلَكَتْ أَيْمَانُكُمْ ذَلِكَ أَدْنَى أَلَّا تَعُولُوا» . كانَ لدى محمد اثنتي عشرة زوجة ، ولكن أربعة

نساء فقط يحق للرجل المسلم ، أو أقل من ذلك إذا لم يكن بمقدوره العناية بهن . وفي البلدان ذات الأغلبية المسلمة وفي بعض الأماكن الأخرى ، يقوم الآباء بترتيب الزيجات ، وليس للمرأة أي رأي أو حق في هذا الشأن .

في القرآن سورة النساء ١١ تنص على أن المرأة تحصل على نصف الميراث الذي يحصل عليه الرجل :

يُوصِيكُمُ اللَّهُ فِي أَوْلَادِكُمْ لِلذَّكَرِ مِثْلُ حَظِّ الْأُنْثَيَيْنِ فَإِنْ كُنَّ نِسَاءً فَوْقَ اثْنَتَيْنِ فَلَهُنَّ ثُلُثَا مَا تَرَكَ وَإِنْ كَانَتْ وَاحِدَةً فَلَهَا النِّصْفُ

أيضاً القرآن سورة النساء ١٢ يقدم المزيد من التفاصيل عن الميراث التي تعزز رؤية المسلمين لعدم المساواة بين الرجال والنساء .

القرآن سورة النساء ٣٤ يبدأ مع القول بأن الرجال هم حماة النساء وصونهم .

ثم تتغير اللهجة فيما يتعلق بالنساء اللواتي قد لا يطعن لسبب أو لآخر:

وَاللَّاتِي تَخَافُونَ نُشُوزَهُنَّ فَعِظُوهُنَّ (أولا) وَاهْجُرُوهُنَّ فِي الْمَضَاجِعِ وَاضْرِبُوهُنَّ (بخفة)

(ملاحظة: يتم إضافة كلمات مثل «أولاً» و «بخفة» التي يتم وضعها بين قوسين في المقطع أعلاه من قبل المحررين.)

القرآن سورة النور ٢٤ تحتوي على تعليمات حول التعامل مع أولئك الذين يرتكبون الزنا والفجور. وإذا ثبتت إدانة المرأة، يجب أن تجلد أمام العامة مئة جلدة.

أيضاً سورة النور ٢: فَاجْلِدُوا كُلَّ وَاحِدٍ مِنْهُمَا مِائَةَ جَلْدَةٍ وَلَا تَأْخُذْكُمْ بِهِمَا رَأْفَةٌ

القرآن سورة الرحمان ٥٥ يتحدث عن ملذات الجنة، وآيات ٥٦-٥٧ تشير إلى أنه يمكن للرجل في الجنة ان يتوقع الجنس مع نساء جميلات، عفيفات (عذارى). وتتميز الجنة الإسلامية بتحقيق الرغبات الجنسية للذكور.

إن جعل المرأة من الدرجة الثانية وأدنى هو ما يؤمن به المسلمون ويظنون انه الأفضل. فهم لا يرون أي فضيلة في مساواة المرأة مع الرجل.

بالنسبة لبعض المسلمين قد لا يحتاج الزواج فعلا إلى علاقة حب. في الواقع، الرجل والامرأة الذين يقعون في الحب بعد فترة من التعرف على بعضهم البعض أمر نادر الحدوث. لا مكان لعلاقة التعارف بين المرأة والرجل في العالم الإسلامي، وعندما توجد حالة تعارف فإنها تعتبر ارتداد وخارجة عن الحدود والأعراف. فمنذ بداية تاريخ الإسلام، الزيجات تقام عبر ترتيبات عائلية.

ويمكن تلخيص النظرة الى المرأة في الشريعة الإسلامية، سواء كانت في المدارس الحنفية أو المالكية أو الشافعية أو الحنبلية، على النحو التالي: تعتبر المرأة أقل

قيمة من الرجل فيما تتعلق بالميراث والشهادة في المحاكم القانونية ، ومن حيث أجور العمل ، من بين مجالات أخرى . في الكثير من الأحيان لا يمكن أن تظهر في الأماكن العامة غير منقبة و / أو من دون مرافقة الذكور ، الذي يجب أن يكون الزوج أو الابن أو الأخ أو غيره من الأقارب . ويرجع ذلك إلى أنه يقال ان النساء يعرضن الرجل للضلال الجنسي .

عادة ما يقال للمرأة إنها «الجوهرة» للأسرة وبالتالي تحتاج إلى الحماية . وهل يمكن أن يكون هذا المفهوم في الواقع تمكينا لسياسة الهيمنة بدلا من أن تكون بمثابة عزة للمرأة؟

خديجة وكشف الستر

في كثير من البلدان الإسلامية ، حتى عندما يكون المسلمون أقلية ، يجب على النساء أن يحجبن أنفسهن تماما في الأماكن العامة أو على الأقل ارتداء الحجاب (غطاء الرأس مثل وشاح) .

يعود ذلك إلى قصة من حياة محمد فيما يتعلق بزوجته الأولى خديجة (مأخوذة من : حياة محمد ، كاتبها ابن إسحاق ، ترجمها أ . غيوم ، منشورات مطبعة جامعة أكسفورد ، صفحة ١٠٧) . تخبرنا القصة أن محمد كان غير متأكد من طبيعة الكائن الذي كان يبلغه القرآن وأنه كان مضطربا بشكل رهيب ، حتى لدرجة التفكير في الانتحار . أقنعته خديجة أنه الملاك جبرائيل وليس الجن أو الشيطان الذي كان يظهر له في الكهف على جبل الحيرة .

وضعت خديجة اختبارا لمحمد . طلبت منه الجلوس على ركبتها اليسرى (أو الفخذ) ، ثم اليمين ، ثم في حضنها . في كل مرة سألته إذا يرى الملاك جبرائيل . في كل مرة يأتي جوابه نعم . ولكن عندما كشفت خديجة نفسها عبر خلع ثوبها وسألت مرة أخرى محمد إذا كان لا يزال يرى الملاك ، فأجاب لا . كانت الفكرة هي أن وحده ملاك من الله سيفرّ من الخطيئة مثل مشاهدة امرأة عارية . فكان ان الذي يظهر لمحمد هو ملاك ، لأنه يكون من الشريرين لو لم يذهب

عند رؤيته امرأة عارية.

فهذا هو الأساس ولو جزئيا، على قصة خديجة والكشف عن سترها، وبموجب ذلك، يجب على النساء التحجب وتغطية أنفسهم. هناك من يقول أيضاً ان سبب التحجب هو تكريم الله. وقد يكون كلاهما صحيح.

تشويه الأعضاء التناسلية للإناث (ختان الإناث)

وفيما يلي وصف لختان الإناث من ويكيبيديا:

> تختلف الإجراءات وفقا للمجموعة العرقية. وتشمل إزالة غطاء البظر والغدد البظري (الجزء المرئي من البظر)، وإزالة الشفرين الداخليين، وفي أشد الأشكال (المعروف باسم تشوه)، وإزالة الشفرين الداخلي والخارجي وإغلاق الفرج. في هذا الإجراء الأخير، يتم ترك ثقب صغير لمرور البول والسوائل الطمث، ويتم فتح المهبل للجماع وأخيراً تفتح أكثر للولادة. الآثار الصحية الجانبية تعتمد على الإجراء، وقد تشمل الالتهابات المتكررة، والألم المتكررة، الخراجات، وعدم القدرة على الحمل، والمضاعفات أثناء الولادة، والنزيف القاتل. ولا توجد أي فوائد صحية معروفة.

وتكشف قصة خديجة في القسم السابق عن الخوف من قوة تعري المرأة، مما يسهم في الممارسة القديمة لختان الإناث. والأساس المنطقي وراء تشويه الأعضاء التناسلية الأنثوية هو أنه يجب كبح الجماع الجنسي للمرأة عن طريق جعل الجماع مؤلما. ويقال إن الرجال يريدون فقط أن يتزوجوا النساء المختونات، لأنهن يستطعن أن يثقن بهن في عدم التلاعب.

هناك عادة خمسة أسباب تجعل المسلمين يمارسون تشويه الأعضاء التناسلية للإناث. أولا، كما ذكر أعلاه، هو للحد والسيطرة على النزوات الجنسية للمرأة، وبالتالي التأكيد على أنها ستكون عذراء عند الزواج.

ثانياً عامل النظافة . ويعتقد أن الأعضاء التناسلية للإناث قبيحة وقذرة . وفي بعض الأحيان تعتبر النساء اللواتي لا يختتن هن غير مناسبات للتعامل مع الغذاء والماء .

ثالثا، ينظر إلى ختان الإناث شرط ضروري لكي تعتبر المرأة كاملة . وتعتبر الأجزاء التي تمت إزالتها أجزاء ذكرية فارقة ، وبالتالي لا ينبغي أن تكون جزءا من تركيب البنيوي النسائي .

رابعا، ينظر إلى ختان الإناث بين بعض المسلمين بوصفه من طقوس العبور من سن الطفولة الى البلوغ ، وهي الشروع في المرأة البالغة ، وإعطاء المرأة الهوية الثقافية لمجتمعها .

خامسا، لم يخترع المسلمون ختان الإناث . الوثنيين واليهود والمسيحيين مارسوه ، على الرغم من أنها ليست ممارسة دينية وليس لها صلة عن أي من اليهود أو المسيحيين .

وتجدر الإشارة إلى أنه لم يرد أي ذكر لختان الإناث في الكتاب المقدس . ويبدو أنها تعبير قديم عن خوف الرجال من النساء .

لا تمارس ختن الإناث من قبل جميع الطوائف الإسلامية (لا يدعي الإسلاميون سوى الأقلية) ، إلا أن هذه الممارسة لا تزال شائعة اليوم ، وكثيرا ما تؤديها النساء المسنات اللواتي قد خُتن كأطفال . وهناك الكثير من النساء العلمانيات والمسلمات يدعون الى إلغاء ختن الفتيات ، ويجري تمرير القوانين ببطء لحظر هذه الممارسة .

الاغتصاب

في حين أن ختن الأنثوي هو إما إلزامي (المدرسة الشافعية من الفقه الإسلامي) أو الموصي به (مدرسة المالكي) بموجب الشريعة الإسلامية ، الاغتصاب والاسترقاق الجنسي للإناث المصادرة في الحرب هي موجودة بموافقة في القرآن

(س ٤ : ٢٤؛ س ٥٠ : ٣٣)، والحديث، وفي السيرة (السيرة الذاتية لمحمد). وفي حين أن مصطلح الاغتصاب لا يستخدم بصورة مباشرة، فإن الفكرة واضحة بالتأكيد: فالنساء اللواتي يؤخذن أسرى في الحرب، ولا سيما غير المؤمنات، يتعرضن لأهواء اسريهم.

النساء في الجنّة؟

من المفترض أن الجنة تمنح لأولئك الذين أعمالهم الصالحة تفوق أفعالهم السيئة.

يقول بعض المسلمين إن المرأة العذراء فقط يمكن أن تذهب إلى الجنة. ويؤكد القرآن أن جميع النساء في الجنة جميلات وعذارى. هل هذا يعني أن المرأة الغير عذراء لا تستطيع الذهاب إلى الجنة؟ وهل سيؤدي ذلك إلى استبعاد جميع النساء المتزوجات؟ هل من الممكن ان الله لا ينوي إدخال معظم النساء الى الجنة، ولكن فقط النساء اللواتي يمتن في الجهاد؟

الجسر الأوحد الذي يمرّ فوق الجحيم، والذي يجب عبوره للوصول إلى الجنة، يقال إنه ضيق ومزعزع. يدعي البعض أن الرجال يدفعون النساء حتى تقع في الجحيم، وفي الحديث ورد بعض الدلائل على أن معظم أولئك الذين أرسلوا إلى الجحيم من قبل الله هم من النساء.

الضمان

هذا ما قاله يسوع: لان هذه مشيئة الذي أرسلني ان كلّ من يرى الابن ويؤمن به تكون له حياة أبدية وأنا أقيمة في اليوم الأخير. (يوحنا ٦ : ٤٠)

يسوع «الجميع» تشمل النساء، والكثير منهن تبعنه خلال تعليمه الدنيوي. يعامل يسوع النساء بالتعاطف والاحترام لدرجة أنه تجاوز الثقافة اليهودية في عصره. كان يعامل المرأة على قدم المساواة مع الرجل لتلقي الخلاص وقد جلسن عند قدميه كالتلاميذ. أربع نساء على الأقل شاهدن صلبه وقيامته. في

رسائل بولس نجد العديد من النساء قد تبعن يسوع . في الكنيسة اليوم العديد من الآلاف من النساء يعملن كقساوسة ، مرسلات ، معلمات ، ومبشرات .

يقول الكتاب المقدس نحن جميعا ، رجالا ونساء ، قد أخطأنا وخرقنا قانون الله ، وبالتالي نحن في حاجة إلى إنقاذ من الجحيم الأبدي : «لان أجرة الخطية هي الموت . وأما هبة الله فهي حياة أبدية بالمسيح يسوع ربنا . »

على الصليب ، عانى يسوع ومات من أجل الرجال والنساء ، وقد حمل كل خطاياهم ومات الموت الذي نستحق موته تكفيراً عن خطايانا . وقد أعطى الخلاص هدية مجانية ، وليست بمكتسبة . فلم تعد مسألة القيام بأعمال جيدة أكثر من الأفعال السيئة . فكر في ذلك - هل يمكن لأفعال أي شخص أن تفوق حقا السيئات؟ فأنا أعلم حقيقتاً أن أفعالي السيئة تفوق أفعالي الحميدة . فإن أعمالنا تنبع من القلب وهي ليست مجرد ما تبدو ظاهريا . من السهل أن تتظاهر بالطاعة . لكن ، كما قال إرميا النبي في القديم ، «القلب اخدع من كل شيءٍ وهو نجيس ومن يعرفه . » (ارميا ٩ : ١٧) هذه الحقيقة أساسية تنطبق على الذكور والإناث على قدم المساواة .

إن شاء الله ، سوف نأتي إلى تقيم جميع الناس ، ليس على أساس الجنس ، ولكن على أساس عمق محبة الله لنا جميعا .

وفي الصفحة xix، يقول غيوم: «الكلمة التي كثيرا ما تسبق بيانا هي زعامة أو زعموا، وهذا يعني» كما زعم.» إن ما يترتب على ذلك هو أن مصدر المعلومات عن محمد قد لا تكون جديرة بالثقة تماما. فما مدى موثوقيه المعلومات التي عثر عليها في السيرة؟

ما هي توقعات المسلم الحديث أو الذي يدرس الإسلام في قراءة مثل هذه الأمور؟ هل تقدم هذه الكتابات أزمة تقبليه؟ كيف تفهم حين يتم العثور عليها في السيرة؟ كحقيقة؟ أما أسطورة؟ أو كرمزية؟ أو كاختراع؟

«لقد رضعت بين ب. سعد ب. بكر، وبينما كنت مع أخ لي خلف خيامنا نرعى الحملان، استولى عليّ رجلان وفتحوا بطني واستخرجوا قلبي وقسموه. ثم استخرجوا قطرة سوداء منه وألقوها بعيداً. ثم غسلوا قلبي وبطني بذلك الثلج حتى تمّ تنظيفهم بدقة. ثم قال أحدهم للآخر، زنه مقابل عشرة من شعبه. ففعلوا ذلك وأنا تفوقت عليهم. ثم وزنوني مقابل مائة ثم ألف، وأنا تفوقت عليهم. ثم قال: «بربك اتركه وحده، فإذا وزنته مقابل كل شعبه فسيتفوق عليهم».

هل هذا النوع من المواد، يشبه المئات من حكايات البطولة الأخرى المماثلة من تلك العصر، مجرد أسطورة معجزة خيالية؟ الحسابات الأسطورية من القديسين والرهبان، والمبصرون، يؤدون المعجزات غير عادية وهي نموذجية إلى حد ما.

سوف أعيد رواية واحدة فقط لا أكثر عن محمد وجدت في السيرة لابن إسحاق، ولكن هناك المئات من القصص التي يمكن مناقشتها.

العرافون العرب، الحاخامات اليهود، والرهبان المسيحيين

في الصفحة ٩٠ من السيرة، كتب ابن إسحاق تحت العنوان أعلاه:

لقد تحدث العرافون العرب، الحاخامات اليهود، والرهبان المسيحيين عن رسول الله قبل رسالته عندما اقترب وقته . . . أما بالنسبة للعرافين العرب فقد زارهم الشيطان من قِبل الجن مع التقارير التي سمعوها سرا قبل أن يُمنعوا من سماعها عن طريق التنجيم.

هنا «التنجيم» مثيرة للاهتمام، لأن «النجوم» هي الأشياء التي نراها في السماوات. ولكن الاهتمام الأكبر هو مسألة ما إذا كان العرافون – المتنبئون العرب أو أصحاب التنجيم – لديهم معرفة خارقة عن الطبيعة لمحمد؟ ويستمر التعليق لوصف الجن الذي يستمع إلى الحديث عن محمد.

رحلة الليل

إسحاق يخبر قصة النبي محمد ليلة الرحلة إلى القدس والصعود إلى السماء. في هذه القصة إسحاق يسمح للقارئ أن يرى شيئا من تفكيره. في الواقع، كما يقول غيوم في مذكرته (صفحة xx من مقدمة له)، «القصة في كل مكان تحوط مع تحفظات وشروط تشير إلى الحذر للقارئ».

وبعد ذلك، قالت زوجة محمد المفضلة، عائشة، إن روح الرسول فقط هي التي انتقلت إلى أورشليم، وكذلك إلى السماء (غيوم، xx). وتكشف تقارير أخرى عن الرحلة الليلية أنه تم مناقشة هذا الحدث في أيام إسحاق. في النهاية، لجأ المحللون إلى «الله وحده يعرف» أو «الله أعلم». ولعل ما يقال عن الحديث صحيح وفي السيرة أيضا. فبعض الأحاديث حقيقية، وبعضها جيد، وبعضها ضعيف.

ويقول المدافعون الإسلاميون إنه لا فرق إذا كان هناك صعود فعلي في السماء أم لا. حتى لو كان فقط في الحلم، فما تزال الرحلة الليلية من الله. حول تقاليد أن محمد هو من سلالة ادم، أول إنسان، نجد عبارة «الله وحده يعرف الحقيقة» (غيوم، ص ٤).

الأكثر دهشة

في الصفحة ٧٢ من السيرة لابن إسحاق، قصة حدثت للشاب محمد. فقد كان يعتقد، ان لسبب مرض ما، أن محمد قد أصبح ممسوساً من شيطان. وقد نفت والدته أمينة هذا الاحتمال، وأفيد أيضا أنه «عندما كانت حاملا به، خرج ضوء منها حتى أضاء قلاع البصرة في سوريا، وأنها قد ولدته بأقل مصاعب تذكر أو يمكن تخيلها.»

جاء عدد من الرجال إلى محمد وطلبوا منه أن يخبرهم عن نفسه. هذا ما جاء:

مناشدة

السيرة

لقد قرأت حياة محمد، ترجمة لابن إسحاق سيرة رسول الله، كما ترجمها أ. غيوم ونشرت من قبل مطبعة جامعة أكسفورد في عام ١٩٥٥ وأعيد إصدارها في باكستان في عام ١٩٦٧. والسيرة هو الاسم التقليدي لسيرة محمد.

هناك ثلاثة مصادر رئيسية للسلطة عند المسلمين: القرآن، الحديث، والسيرة. فمن السلطتين الأخيرتين، وفي المقام الأول وهو الحديث، حدِدت السنّة، والتي هي نمط حياة محمد: أفعاله، وأقاويله، وطريقة حياته.

ليس كل المسلمين يذكرون السيرة الشريفة كمصدر موثوق للمعلومات عن الإسلام ومحمد. ومع ذلك، يعطي البعض أهمية كبيرة لحياة محمد.

ولد المؤلف محمد بن إسحاق في المدينة المنورة حوالي سنة ٨٥ هج (٧٠٤ م) وتوفي في بغداد عام ١٥١ ه (٧٦٢ م). وهو مرتبط بالجيل الثاني من الأجداد أو التقاليد.

العديد من المقاطع في السيرة النبوية تتطلب هذا النداء. يرجى العلم أنه ليس هدفي التشهير أو التجديف بمحمد بأي شكل من الأشكال ولكن ببساطة للاستفسار عن الطبيعة التي لا تصدق عن بعض الأشياء التي كتبها ابن إسحاق عن محمد. هذا صعب إلى حد كبير على المسلمين القيام به، حتى قراءتها، لأن القيام بذلك يمكن أن يعتبر «ضعيف» من قبل القيادة الإسلامية.

وبكل شجاعة دعونا نسأل أنفسنا: هل الأخبار التالية بخصوص محمد صحيحة ودقيقة؟

الفصل الحادي عشر

الرجال في الإسلام

معظمنا الرجال، بغض النظر عن الدين والثقافة، لدينا صعوبة في التحدث عن أي علاقة في الحب أو الجنس. إنها فقط كيف نحن. ومع ذلك، هذه المواقف هي جزء كبير من حياتنا الفكرية وحياتنا المادية التي علينا أن نقبلها ومواجهتها. هل تعلم أن الجزء من دماغنا الذي يسيطر على الوظيفة الجنسية هو ٢,٥ مرات أكبر من ذلك عند النساء؟

هناك مجال واحد فقط أكثر حساسية، وهذا يتعلق بما نؤمن به عن الله. وأنا مقتنع بأن علامة النضج، بان نكون إنسانا موثوقا به وذكيا، هو القدرة على النظر إلى الواقع دون خوف. ولكن من يمكنه القيام بذلك؟

ملاحظاتي عن الرجال المسلمين

على مدى الأشهر العديدة الماضية كنت أحضر صلاة الجمعة في مسجدنا السني المحلي، ومحاولة مني التعرف على الأئمة وغيرهم من القادة، والتقيت بعدد من الشباب الذين يحضرون بانتظام. وهناك عدد قليل منهم يتذكرني من الأيام حين كنت مدرب البيسبول لطلبة المدرسة الثانوية المحلية.

هؤلاء الشباب المسلمون يعيشون بشكل مختلف نوعا ما عن تلك الحياة في بلدانهم الأصلية من الهند وباكستان. هنا يذهبون الى المدرسة العامة حيث ترتدي الفتيات الأزياء الغربية وتظهر الكثير من اللحم، حتى لو كان لها غطاء الرأس. ومع ذلك، لا أذكر أني رأيت أي فتاة مسلمة أتت إلى اللعبة لمشاهدة الأولاد يلعبن. مما أفهمه، لا يتخالط الشباب المسلمون كثيرا، حتى مع الأطفال الآخرين في المدرسة.

بلدتنا هي ليبرالية كما يمكنك أن تتخيل. الجمهوريون قليلون وبعيدون. وكما لاحظت فأن السكان المسلمين المحليين قد اندمجوا إلى حد ما، ولكن اختلاط الجنسين في أماكن مثل باكستان والصومال والمملكة العربية السعودية أو السودان ممنوع.

فإني أتساءل عما إذا كان الشبان المسلمين المحليين قادرين على مواعدة الفتيات المسلمات. هل لديهم فرصة الاختيار ممن يريدون الزواج منهم؟ ففي البلدان المذكورة أعلاه، لا تستطيع الفتيات في العادة أن تلتقيا بأزواجهن المستقبلي إلا إذا كان من أحد أقاربهن، وذلك بسبب تقاليد الزواج المرتب.

واستنادا إلى قراءاتي ومقابلاتي مع الرجال المسلمين، أظل أسمع أن الحب والجنس يختلفان جدا بالنسبة لهما وبالنسبة لمعظم الرجال الأمريكيين المجنسين. فهو اقتراح مخيف في نواح كثيرة. هل الزواج في الإسلام علاقة بين شخصين يحبان بعضهما البعض ويرغبان في تمضية حياتهما معا؟ أم أنها مؤسسة للرجل ليكون لديه العديد من الأطفال، ولا سيما الأطفال الذكور، حيث الجنس هو مجرد للإنجاب؟

عندما أرى هذه الأشياء، لا أستطيع سوى الشعور بالحزن للرجل في الإسلام بسبب كل ما يفتقد، ويخسر عليه القدر من المحبة، والروابط الحميمة من الزواج.

تخفيض قيمة المرأة

ختان الإناث، وإن لم يكن يمارس في جميع المناطق ذات الأغلبية المسلمة، يمارس على نطاق واسع حتى يومنا هذا باسم حماية عذرية المرأة الشابة وبالتالي شرف عائلتها. يتم تنفيذ ذلك على الفتيات الصغيرات جدا غير القادرات على اتخاذ قراراتهم الخاصة. الإجراء يتم بإزالة أجهزة التحفيز الجنسي الأنثوي، وبالتالي يتم تقليص التمتع الجنسي الأنثوي. هل المتعة الجنسية غير مهمة؟ حتى بدون ختان الإناث، هل تؤخذ بعين الاعتبار

احتياجات المرأة الجنسية؟ إذا لم تكن كذلك، الذكر هو الخاسر. ينزل من قدر النساء لتصبح فقط كائنات للإشباع الجنسي للرجل وشهوته. النتيجة هي أن الرجال في هذه الثقافات لن تشهد فرحة إعطاء متعة العلاقة الحميمة في الزواج.

هل يتعلم الرجال المسلمون الخوف من الجنس الآخر وهم يتقدمون بالسن؟ انطباعي هو أنهم لا يقدرون المرأة ويعاملوها على قدم المساواة ولكن بدلا من ذلك ينظرون إليها على أنها أقل شأنا وتحتاج إلى الحماية، والتمحيص، والتصحيح، حتى لو كان يجب أن تطبق بصرامة.

لقد قرأت أنه في المجتمعات المسلمة، يفتن الشباب وكذلك كبار السن من الرجال. وهذا يعني أن الرجال قد يخضعون لرغبة الشهوة القوية للإناث، قد يكون سببها مجرد رؤية كاحل مكشوف، أو الكثير من يدها، وجهها، أو شعرها. وهنا تتحمل المرأة مسؤولية إثارة شهوة الرجل. فيقع اللوم على النساء، وليس الرجال.

وأنا أفهم أن هذا اللوم يصبح قاصياً إلى حد أنه إذا اغتصبت امرأة، يمكن للمغتصب أن يدعي أنه فتن واشته الأنثى بسبب أنها تظهر شيئا منها، حتى ولو كان القليل من الجلد. وهذا سوف يؤدي الى تضاءل آفاق زواجها المستقبلية، إن لم يتم القضاء عليها، لأنها لم تعد عذراء. بل يمكن لهذا الحدث أن يكلفها حياتها، لأن الأسرة تشعر إنها قد فقدت شرفها. وأنها هي الطرف المذنب، وليس الرجل. فماذا يفعل ذلك لضمير الرجل؟

وهناك أدلة على أن جرائم الشرف تحدث في الجيوب الإسلامية في البلدان الغربية كما في البلدان ذات الأغلبية المسلمة. لقد حاولت أن أتخيل كيف أن هذا التقليد المأساوي يجب أن يؤثر على الذكور المسلمين، ناهيك عن الإناث المسلمات. هناك شيء واحد، أفترض أنه يجب أن تنتج خوفا هائلا للرجل من الاضطرار إلى أن يبدو في المكان المسيطر على جميع الإناث والذكور

الصغار في عائلته، حتى لو كان لا يريد تلك المسؤولية. فهذا الوضع يؤدي الى تلف ضمير للالتزام بقتل من اجل الشرف، أو السماح به، أو حتى الصمت أثناء تأديته. قتل الشرف لابنة أو زوجة أو أم يجب أن تؤثر بعمق على الأب والأخوة وغيرهم من أفراد الأسرة الذكور على الرغم من الشعور بأن القتل هو تكريم الله والأمة. يجب إبقاء الصمت في البلدان ذات الأغلبية غير المسلمة، والصدمة تغرق عميقا في نفوس الأسرة وتصبح ضارة جدا لحسها بالأمان والنزاهة.

ان التخفيض في قيمة المرأة والعلاقة المعقدة بين الذكور والإناث المسلمات تشير إلى أن الرجال المسلمين قد يجدون صعوبة في الزواج والعلاقة الزوجية. وبمجرد أن يتم الزواج، فمن المفهوم عموما أن القرآن ينص على أن يمكن للأزواج، أو يحق لهم ضرب زوجاتهم، ولكن بخفة. وشكي هو أن هذا يضر في ضمير الزوج ويمنع الزوجة من احترام زوجها. فهي تخافه. وعلاقة الحب والاحترام المتبادل بينهما – والتي تشكل جوهر العلاقة الزوجية الجيدة – من المرجح أنها لن تتطور أبدا.

معظمنا لدينا صعوبة في الحفاظ على علاقة صحية مع شخص من الجنس الآخر، ومع ذلك نحن الرجال قادرون على ان نكبر ونحن نتعلم احترام المرأة وقيمتها. لا يوجد شيء مثل الزواج المثالي، ومعدل الطلاق في الدول الغربية مرتفع، مرتفع جدا. الطلاق بين المسلمين هو أكثر ندرة من بين الثقافات الأخرى، ويرجع ذلك إلى حد كبير إلى حقيقة أن الطلاق يقرره الزوج، – وهذا إذا ما كان ليتخذ زوجة ثانية. إن العار بالنسبة لأسرة المرأة يسبب غضب كبير ويمكن أن يؤدي إلى إنكارها، بشكل مباشر أو غير مباشر.

ماذا عن الرجال الذين يأخذون أكثر من زوجة واحدة؟ ان خلفية تعدد الزوجات لها علاقة كبيرة بالبقاء في بيئات قاسية مثل تلك التي في الجزيرة العربية حيث ولد الإسلام. إن معدل وفيات الرضع، والحاجة إلى توفير

الأبناء الذكور للقتال والدفاع عن العشيرة، أضف فترة الحياة القصيرة في الماضي، هي عوامل غيرت إلى الأبد الطريقة التي يفكر بها كثير من الشعوب الصحراوية في الزواج. وأيضاً قد أثرت على تفكير الإسلام في الزواج.

قراءة في وجهة نظر أخرى من الزواج

هنا نأخذ فكرة على كيف ان الخالق الله يعتزم ان يكون الزواج وفقا لأهل الكتاب. نبدأ في سفر التكوين ٢٧ : ١ :

> فخلق الله الإنسان على صورته. على صورة الله خلقه. ذكراً وانثي خلقهم.

ما هو واضح هو أن الله على حد سواء ذكر وانثي في آن واحد. «صورة» لها علاقة حقيقة بأن رغبة الله هي التواصل والتزامل مع البشر. ليس أن البشر يشبهون الخالق، الذي سيكون مستحيلا، ولكن لديهم القدرة الروحية على التواصل والتزامل مع إلههم. ثم لدينا سفر التكوين ١٨ : ٢ :

> وقال الرب الإله ليس جيداً ان يكون ادم وحده. فاصنع له معيناً نظيره.

بصراحة أيضا، فإن الذكر وحده لم يكن كافيا؛ كانت المرأة ضرورية. لذلك، اخرج الله من الرجل الأنثى، مصنوعة من جوهره وطبيعته الذكورية. شعر الرجل بسعادة غامرة مع المرأة وقال:

> سفر التكوين ٢٣ : ١ : فقال ادم هذه الآن عظم من عظامي ولحمٌ من لحمي. هذه تدعى امرأة لأنها من أمرء أخذت.

الذكور والإناث، هم نفس الخلق لكن مختلفون بحيث ان الذكور والإناث يمكن أن يتكاثرون. وخلق الله البشر حتى أنه من خلال آلية هرمونية داخلية، يمكن أن تطور رابطة الحب فيما بينهما - ونحن نسميها الحب - وهذا أيضاً يضمن التوالد. وهنالك المزيد:

لذلك يترك الرجل أباه وأمه ويلتصق بامرأته ويصبحان جسداً واحداً. (سفر التكوين ٢٤:٢)

جسد واحد (للتشديد) هو الترجمة من العبرية « إشاد ». وهذا يعني الوحدة. على الرغم من انهم شخصين منفصلين، ففي الزواج هم إشاد أو اتحاد. تلك الوحدة هي بنية الأسرة الأساسية. الثالوث هو إشاد أيضا، ثلاثة أقانيم في واحد أو واحد من ثلاثة، كما نوقش في الفصل ١، التوحيد)

جسد واحد هو نية الله، وهذا هو السبب في ان الطلاق هو خطأ في عيون الله - انه خطيئة، ولكنها ليست خطيئة لا تغتفر. أنا نفسي رجل مطلق وتزوج مرة ثانية. (في المجتمع المسيحي هناك العديد من وجهات النظر المختلفة بشأن الطلاق والزواج مرة أخرى.)

الرسول بولس، في رسالته إلى أهل أفسس، ناقش العناصر الأساسية للزواج. فكتب:

أيها الرجال أحبوا نساءكم كما أحب المسيح أيضاً الكنيسة وأسلم نفسه لأجلها. «(أفسس ٢٥:٥). يتابع بولس فيقول:

كذلك يجب على الرجال ان يحبوا نساءهم كأجسادهم. من يحب امرأته يحب نفسه. فانه لم يبغض أحد جسده قط بل يقوته ويربيه كما الرب أيضاً للكنيسة. لأننا أعضاء جسمه من لحمه ومن عظامه. (أفسس ٥: ٢٨-٣٠).

كرجل مسلم، أطلب منك أن تنظر بلا خوف في الأسئلة التالية: هل شوه الإسلام نية الخالق الله فيما يتعلق بالعلاقات بين الرجل والمرأة؟ هل كان الغرض الأصلي من الزواج ملتويا؟

الخوف من النساء يتسبب بالتطرف؟

لاحظ العديد من المعلقين أن الطريق إلى تطرف الشباب المسلم يبدأ بمكان

ودور المرأة المسلمة. يدرس أن الفتيات والنساء يجب أن يرتدين بشكل متشدد، فتغطي تقريبا كل الجسم، مع ملابس فضفاضة التي تتدفق حتى لا تكشف عن أي شيء من شكل الجسم. أيضا، فمن المستحسن أن تبقى النساء في المنازل معظم الأحيان، وعندما تخرج من المنزل يجب على قريب من الذكور مرافقتها. وهذا يؤدي إلى نظرة مشوهة عن المرأة في الإسلام، مما يؤثر على كيفية إدراك الذكور للإناث والتفاعل معهم.

هل يتحمل الذكور المسلمون عبئا مفرطا من المسؤولية تجاه المرأة؟ ففي سن معينة، يتحتم على ذكور الأسرة وظيفة مراقبة الأخوات وحتى الأمهات ما يشكل ضغط نفساني. وهذا ما يؤدي الى الحد من العلاقات داخل الأسرة، ويقلل شأن المرأة المسلمة في الأسرة وعند الرجل.

هذا يتطور بشكل فعال إلى خوف من النساء. هذا الخوف الذي يحيط بالعلاقات مع الإناث لا مثيل له في أي جماعة دينية أخرى، باستثناء ربما في اليهودية القديمة (منذ فترة طويلة تغيرت). تبدأ مع الخوف، ثم تصبح النساء شياطين شريرات، وتصبحن مكروهات رذيلات وهذا يؤدي الى تعرضهن للعنف. وهذا يبرر كذلك كوسيلة لتحقيق عدالة الله، لأن كل ما يحدث هو إرادة الله.

كما أنه غالبا ما يوجه اللوم إلى الغرب لإغراء النساء ليكونوا غير مهذبين وغير إسلاميين. وبهذا يصبح الغرب العدو، والمرأة التي تكشف عن الكثير وفقا للقانون الشرعي الصارم تصبح عدوا أيضا. إن الوضع بأكمله يصبح مشحون بالخوف والكراهية والغضب.

إن شاء الله، سوف نأتي على تقيم جميع الناس، ليس على أساس الجنس، ولكن على أساس عمق محبة الله لنا جميعا.

التباين السادس

الجنس في الجنة؟

أوضح يسوع أنه لا يوجد علاقات جنسية بين البشر في السماء. أما الصدوقيين، الذين نفوا القيامة، سألوا يسوع سؤالا يهدف إلى جعل عقيدة القيامة تبدو سخيفة وغير منطقية. كان السؤال يتعلق بامرأة افتراضية كان لديها سبعة أزواج، وجميعهم ماتوا. ثم سأله الصدوقيون المتدينون، «، « . . لمن من السبعة تكون زوجة؟ لأنها كانت لجميعهم «(متى ٢٢ : ٢٨). فأجاب يسوع وقال لهم تضلون إذ لا تعرفون الكتب ولا قوة الله. لأنهم في القيامة لا يزوجون ولا يتزوجون بل يكونون كملائكة الله في السماء. «(متى ٢٢ : ٢٩-٣٠).

هناك تباين متفاوت بين جنة الإسلام وجنة الكتاب المقدس. في الإسلام، تتميز الجنة بالرضا عن الاحتياجات والرغبات الجنسية للإنسان، وتظهر على أنها واحة ذات إمدادات وفيرة. في الكتاب المقدس، السماء هي تماما وراء الخيال، ولكن لا علاقة لها بأي شيء أرضي. في السماء، المرأة لها مكانتها فلن تكون موجودة للمتعة الجنسية للرجال.

الجنس في الجنة

واحدة من أهم التأكيدات في الإسلام هو الجنس بين الرجال والحوريات، النساء العذارى الدائمة في الجنة. ومع ذلك، فإن طبيعة هؤلاء النساء مشكوك بها. كيف يمكن أن تبقين عذارى دائمة، في حين أنهن يلبين رغبات الرجال الجنسية؟ ويبدو أن أحد ملذات الجنة هو فض البكارة المستمر للعذارى. تبدو جنة ألإسلام أنها تخدم فقط الرجال.

قد يتم رجم المسلم حتى الموت بسبب المثلية، ولكن يبدو أن الأمور تتغير

في الجنة. هناك، وفقا للإسلام، سيكون للرجال أيضا إمدادات وفيرة من الصبية الصغار الذين يمارسون معهم الجنس. هذا أمر مثير للإعجاب، فمعظم المسلمين سيشعرون بالإهانة إذا كانوا على علم بذلك.

دعونا نلقي نظرة على مقطعين في القرآن:

وَيَطُوفُ عَلَيْهِمْ غِلْمَانٌ لَهُمْ كَأَنَّهُمْ لُؤْلُؤٌ مَكْنُونٌ. (سورة الطور ٢٤)

يَطُوفُ عَلَيْهِمْ وِلْدَانٌ مُخَلَّدُونَ

بِأَكْوَابٍ وَأَبَارِيقَ وَكَأْسٍ مِنْ مَعِينٍ. (سورة الواقعة ١٧ -١٨)

كلمة غلمان بالعربية تشير إلى الأولاد الذين يتولون الدور الأنثوي في العلاقات المثلية. محرم الآن -لكنه مسموح في الجنة. (على نحو مماثل يتم التعامل مع الكحول، محرم الآن، ولكن ليس في الجنة كما ورد في القرآن سورة الواقعة ٥٦.)

الجنس في الكتاب المقدس

في سفر التكوين، قال الله لآدم وحواء «أن يثمروا ويكثروا» (تكوين ٢٨ : ١)

من أجل القيام بذلك كان عليهم الانخراط في العلاقات الجنسية. معظم المسيحيين يتفقون على أن الخالق جعل الجنس متعة لضمان استمرارية الجنس البشري. بالإضافة إلى ذلك، انه اللاصق الذي يحمل الرجال والنساء معا في علاقات دائمة.

الرسول بولس يعطينا نظرة ثاقبة على وجهة نظر الكتاب المقدس لكيفية تعامل الأزواج مع زوجاتهم: «أيها الرجال أحبوا نساءكم كما أحب المسيح أيضاً الكنيسة وقدم نفسه لها» (أفسس ٥ : ٢٥). وبعد ذلك بقليل، يواصل:

كذلك يجب على الرجال ان يحبوا نساءهم كأجسادهم. من يحب امرأته يحب نفسه. فانه لم يبغض أحد جسده قط بل يقيته ويربيه كما الرب أيضاً للكنيسة. لأننا أعضاء جسمه من لحمه ومن عظامه.

الزوجة ليست جارية جنسية أو مجرد شخص يستغل لتحقيق رغبات الزوج الجنسية. الزوج والزوجة هم واحد - هذه الأحدية تتكون من اثنين. «الحب» يعني الرعاية والاهتمام. في الكتاب المقدس الزوجة هي أن تحب زوجها والزوج هو أن يحب زوجته.

نظرة عميقة للزواج

الزواج في الكتاب المقدس المسيحي هو أيضا رمزا لشيء أعمق من العلاقات الإنسانية. في الكتاب المقدس، يشار إلى يسوع العريس والكنيسة هي عروسه. في نهاية المطاف، يسوع، العريس، يأتي لتلقي عروسه، الكنيسة. وصف هذا الموضح بشكل جميل في الرؤيا، الفصلين ٢١ و٢٢. ويظهر أن الكنيسة تنتمي إلى المسيح، وأول شيء يحدث في يوم القيامة هو عشاء الزواج الحمل، و«الحمل» هو يسوع المسيح نفسه (انظر رؤيا ١٩: ٦-١٠).

الفصل الثاني عشر

الآيات الشيطانية

وفقا للتقاليد الإسلامية، في الوقت الذي كان محمد يواجه صعوبة في إهداء قبيلته قريش إلى الإسلام، تحدث الشيطان من خلال فمه. التلاوة التي أعطاه الشيطان لمحمد معروفة باسم «الآيات الشيطانية».

خلفية القصة

في السيرة لابن إسحاق قصة أتت كحل وسط بين قريش ومحمد. وهذه القصة تنص على ان لمدة سنة واحدة على محمد ان يعبد آلهة قريش، وبالتالي مطلوبا من قبيلة قريش ان تعبد الله، إله محمد.

الآلهة التي أراد قريش أن يعبدها محمد هي اللات والعزة. في البداية، تلقى محمد من الله تحذيرا قويا لرفض الدعوة إلى عبادة الآلهة الوثنية من قريش. في القرآن سورة الكافرون ١-٦ يعبر عن رفض الله للعبادة الوثنية:

قل يا أيها الكافرون، لا أعبد ما تعبدون، ولا أنتم عابدون ما أعبد، ولا أنا عابد ما عبدتم، ولا أنتم عابدون ما اعبد، لكم دينكم ولي ديني

استمرت قريش في محاولة إقناع محمد، ومع ذلك واصل الله تحذير محمد، كما حفظت في سورة الزمر ٦٤-٦٦؛ لم يكن محمد يعبد الآلهة الوثنية. كانت قبيلة قريش لا تزال غير راضية، وبحث محمد عن وسيلة لكسر الجمود. ثم تلقى الوحي الذي يقول له إنه لا بأس إذ قدم الصلاة إلى اللات، والعزى، ومناة، وهم ثلاث آلهة إناث لقبيلة قريش. هذه الآلهة الوثنية، كما قيل لمحمد، قد تعمل كمشاركة مع الله.

سورة النجم، ١٩- ٢٠ (أفرأيتم اللات والعزى، ومناة الثالثة الأخرى؟

في جميع الإصدارات الرسمية للقرآن ما جاء بعد ذلك مفقود. وقد اتبع محمد في الأصل الآيات المذكورة أعلاه:

«هذه هي الآلهة العليا وبشفاعتهم هو الأمل».

هذه الكلمات ليست موجودة في الإصدارات الحديثة المتعاقبة من القرآن، ومن السهل أن نرى لماذا. هناك ما يكفي من الأدلة، ومعظمها من الحديث، لفضح حقيقة أنه تم حذف بعض الآيات المحرجة.

في البداية، سخر محمد من هذه الآلهة. ثم في وقت لاحق تبناها من أجل التوفيق مع قبيلته، التي كانت مسرورة لتغيير محمد رأيه. فوفقا للسيرة لابن إسحاق، الصفحة ١٦٦ التي نشرها ا. غيوم، كانت قريش تغمرها السعادة:

ثم تفرق الناس وخرجت قريش مسرورة بما قيل عن آلهتهم، قائلون: «لقد تكلم محمد عن آلهتنا بطريقة رائعة. وادعى في ما قرأه أنهم الغرانيق العظماء الذي تمت الموافقة على شفاعتهم».

أدرك محمد أنه ارتكب خطأ. فقال: «لقد خلقت أشياء ضد الله، وقد نسبت له كلمات لم يقلها» (طبري، موسوعة ٦ ص ١٠٩)

لم يكن محمد حزين فحسب، بل خائفا أيضا من السماح بتلويث رسالة الله. وكانت النتيجة تحذيرا صارما من الله كما وجدت في سورة الإسراء ١٧: ٧٣-٧٥.

وَإِنْ كَادُوا لَيَفْتِنُونَكَ عَنِ الَّذِي أَوْحَيْنَا إِلَيْكَ لِتَفْتَرِيَ عَلَيْنَا غَيْرَهُ وَإِذًا لَاتَّخَذُوكَ خَلِيلًا

وَلَوْلَا أَنْ ثَبَّتْنَاكَ لَقَدْ كِدْتَ تَرْكَنُ إِلَيْهِمْ شَيْئًا قَلِيلًا

إِذًا لأَذَقْنَاكَ ضِعْفَ الْحَيَاةِ وَضِعْفَ الْمَمَاتِ ثُمَّ لا تَجِدُ لَكَ عَلَيْنَا نَصِيرًا

في السيرة صفحة ١٦٦ ابن إسحاق يفسر :

فأرسل الله (الوحي) ، لأنه رحيم له ، وليواسيه مسلط الضوء على هذه المسألة ، قائلا له أن كل نبي ورسول قبله تمنوا كما تمنى وأرادوا ما أراد والشيطان ادخل شيء في رغباته فنطق به لسانه . لذلك ألغى الله ما قد اقترحه الشيطان وأن الله صحح آياته ، أي ، أنت تماما مثل الأنبياء والرسل .

يؤكد على هذا في سورة الحج ٥٢ :

وَمَا أَرْسَلْنَا مِنْ قَبْلِكَ مِنْ رَسُولٍ وَلَا نَبِيٍّ إِلَّا ذَا تَمَنَّى أَلْقَى الشَّيْطَانُ فِي أُمْنِيَّتِهِ فَيَنْسَخُ اللَّهُ مَا يُلْقِي الشَّيْطَانُ ثُمَّ يُحْكِمُ اللَّهُ آيَاتِهِ وَاللَّهُ عَلِيمٌ حَكِيمٌ

ويتابع في أية ٥٣ من سورة الحج :

لِيَجْعَلَ مَا يُلْقِي الشَّيْطَانُ فِتْنَةً لِلَّذِينَ فِي قُلُوبِهِمْ مَرَضٌ وَالْقَاسِيَةِ قُلُوبُهُمْ وَإِنَّ الظَّالِمِينَ لَفِي شِقَاقٍ بَعِيدٍ

بهذا أعفي الله محمد من الخوف وأرسل أيضا تلاوة أخرى عن طريق التأكيد في القرآن سورة النجم : ١٩-٢٣ :

أَفَرَأَيْتُمُ اللَّاتَ وَالْعُزَّى ، وَمَنَاةَ الثَّالِثَةَ الْأُخْرَى ، أَلَكُمُ الذَّكَرُ وَلَهُ الْأُنْثَى تِلْكَ إِذًا قِسْمَةٌ ضِيزَى إِنْ هِيَ إِلَّا أَسْمَاءٌ سَمَّيْتُمُوهَا أَنْتُمْ وَآبَاؤُكُمْ مَا أَنْزَلَ اللَّهُ بِهَا مِنْ سُلْطَانٍ إِنْ يَتَّبِعُونَ إِلَّا الظَّنَّ وَمَا تَهْوَى الْأَنْفُسُ وَلَقَدْ جَاءَهُمْ مِنْ رَبِّهِمُ الْهُدَى

شرعت قريش في استخدام كل هذا للهجوم على محمد واستجوابه عن آيات الشيطان . كانت القضية بالنسبة لهؤلاء رجال القبائل ، هل يمكن الوثوق فيما كُشف لمحمد؟

كيف يمكن للمرء أن يثق بان الشيطان لم يضع مقاطع أخرى في القرآن؟ بالتأكيد، معظم علماء الإسلام ينكرون شرعية الآيات الشيطانية كما فعل ابن إسحاق، ولكن ليس جميعهم.

قد يتساءل بعض النقاد عما إذا كان ظهور الآيات الشيطانية في القرآن يمكن أن تكون ملفقة من قبل خطاطين فاسدين في وقت لاحق. ومع ذلك، ليس هناك ما يشير إلى أن أعداء الإسلام أدرجوها في نص القرآن. وفي الواقع، ان المسلمين المؤمنين قبلوها لعصور بأنها آيات صادقة حقيقية.

صوت المع

حدثت تعديلات في الكتاب المقدس المسيحي، بما في ذلك الحذف وإضافة المقاطع عبر القرون. ونحن ندرك هذه التغيرات بسبب وفرة مخطوطات العهد الجديد (حوالي ٥٠٠٠). ومع ذلك فإن الرسالة الأساسية للكتاب المقدس تسود، ونحن نتعجب للتماسك واتساق من صوت الله القادمة من خلال كلماته من البداية (سفر التكوين) إلى نهاية (الوحي). في الإيمان المسيحي، نتعلم أن نميز صوت يسوع من وسط الخلط وضجيج الأصوات القادمة لنا من العالم، من داخل عقولنا، ومن عدو الله. فنحن قادرون على القيام بذلك بسبب وجود الروح القدس داخلنا، يوجهنا ويعلمنا. يسوع يقول لنا: خرافي تسمع صوتي وأنا اعرفها فتتبعني. (يوحنا ٢٧ : ١٠)

إن شاء الله، سنصلي ونحصل على هدية من الله تمكننا من تمييز صوت الله عن الأصوات غير المقدسة.

المناشدة السادسة

هل يُعبد محمد كَإله؟

لا يجوز صنع صور أو رسومات لمحمد. والقيام بذلك يعد حرام أو من المحرمات.

الوصية الثانية في الكتاب المقدس تحظر صنع الصور أو الأصنام لغرض عبادتهم كآلهة:

> لا تصنع لك تمثالا منحوتاً ولا صورةً ما مما في السماء من فوق وما في الأرض من تحت وما في الماء من تحت الأرض. لا تسجد لهنَّ ولا تعبدهنَّ. لأني أنا الرب إلهك إله غيور افتقد ذنوب الإباء في الأبناء في الجيل الثالث والرابع من مبغضي. (خروج ٢٠: ٤-٥)

فمن الحرام أن تصنع صورة، أو رسم، أو أي شيء آخر يمثل محمد. وبذلك، يبدو لي أن المسلمين رفعوا محمد إلى وضع الله.

بالإضافة إلى ذلك، فان الأسلاف الأتقياء نسخوا وضاهوا كل ما فعله محمد وقال، وهذا يمكن أن يفهم على أنه شكل من أشكال العبادة. وعلاوة على ذلك، فمن الحرام قول أي كلمة ضد محمد.

الوصية الثالثة في الكتاب المقدس هي: لا تنطق باسم الرب إلهك باطلاً. لان الرب لا يبرئ من نطق باسمه باطلا. (خروج ٢٠: ٧)

ومرة أخرى، بالنسبة لليهود والمسيحيين، فإن هناك ضمنا موازيا هو الحظر على أخذ اسم محمد لرفعه إلى مكانة الله.

عبادة يسوع

المسيحيون يعبدون علنا يسوع المسيح كالله. المسيحيون لا يعتبرون هذه عبادة

أصنام أو شرك وثني. قال يسوع: «أنا الآب واحد» (يوحنا ٣٠:١٠). هذه «الأحادية» هي اتحاد ثلاثي: الأب والابن والروح القدس.

عبادة الصور وغيرها من الأشياء التي من صنع الإنسان ممنوعة في الوصايا العشر، ولكن المسيحيين لا يتذمرون عندما تكون الصور ليسوع، لأننا لا نعبد الصور نفسها. فهي مجرد صور تحكي قصة وتذكرنا بالله الذي نحب.

المسيحيون لا يتفاعلون بشكل حاسم عندما يحرق آخرون أو يدنسون صور يسوع. نحن نجد هذه الأعمال غير لائقة وغير محترمة، ولكننا لا نسعى لمعاقبة مرتكبي هذه الجرائم أو قتلهم. نحن ندرك أن هؤلاء المجرمين لا يتمتعون بالإيمان والحب لمن يدنسون.

أنا شخصيا لن اصنع أي صور لمحمد، لأنني أعلم أنها ستكون إهانة للمسلمين. ومع ذلك، ما الذي نقوم به من الهجمات الانتقامية الإسلامية على أولئك الذين صنعوا صور لمحمد؟ ألا يشير إلى ضعف معين، كما لو أن الإسلام لا يمكن أن يتحمل أي محاولات سخيفة للسخرية؟ لماذا الحاجة إلى اللجوء للعنف؟

ينظر الإسلام لمحمد على أنه الشخص المثالي والمستقيم في كل شيء، فهو دون عيب. هو أكثر من منذر، أو رسول. التبجيل له ولمقامه المثالي وضعه في نقطة الكمال التي محفوظة للإله.

هل يُعبد محمد؟ فإذا كان الأمر كذلك، أليس هذا يجعل الإسلام مشركين؟

الفصل الثالث عشر

قراءة الكتاب المقدس المسيحي

خلال العشر سنوات في معهد الدراسات اللاهوتية المسيحية حضرت صفوفاً مكرسة لدراسة الطوائف المسيحية، مثل المورمونية، وشهود يهوه، والعلوم المسيحية، والتوحدية، وعشرات أخرى. وكانت هناك أيضا دروس في الديانات العالمية الرئيسية، مثل الهندوسية والبوذية والإسلامية والبهائية والشامانية. لم يكن الأساتذة، والمرسلين الذين يديرون هذه المدارس، ولا الكنائس المعنية قلقون على الطلاب الشباب وانطباعاتهم حول ما يتعلمون وحول وجهات النظر الدينية المتضاربة في العالم. في الواقع، كانت الأجواء مشجعة ومتوقعة.

يأمل المرء أن يكون الحال كذلك في الأماكن التعلمية والتدريبية في الديانات الأخرى أيضا.

كتاب مقدس فاسد؟

لقد قرأت في عديد من المواد التي نشرها المسلمون مدعين أن الكتاب المقدس قد تم تغيره أو تلف إلى درجة أنه ليس حتى قريبا من المخطوطات الأصلية.

درس المسيحيون لفترة طويلة الكتاب المقدس، وطرحوا أسئلة صعبة ومشككة حول المحتوى. وقد كرس العلماء حياتهم للحصول على أقرب ما يمكن من الكتابات الأصلية من كل من العهد القديم والجديد.

لقد أخذت دراسات في اللاهوت وتدريبات لاهوتية حيث عملنا كل أسبوع في المخطوطات العبرية واليونانية. واحدة من الأشياء المفضلة لدي هي التدقيق والبحث في نصوص الكتاب المقدس من أجل الدعم التاريخي لمختلف الأداء.

إن علم الفحص النقدي لما يقرب من ٥٠٠٠ مخطوطة موجودة في العهد الجديد متقدم جدا بحيث أنه ليس من قبيل المبالغة القول بأننا نستطيع الاعتماد على النصوص الحديثة للعهد الجديد اليوناني لتكون دقيقة في حدود ٩٥٪ أو أفضل.

كل من ٥٪ من الاختلافات هي طفيفة في طبيعتها. يتلخص في قضايا مثل، هل تستخدم أفضل مخطوطة اسم «يسوع»، أو «يسوع المسيح»، أو «المسيح»، أو «الرب يسوع المسيح»، أو «الرب يسوع». وبطبيعة الحال لا يهم في هذه الحالة أيهما تكون القراءة الصحيحة، لأننا نعرف عمن يتحدث النص. أنه امن ان نقول إن لا عقيدة تتوقف على أي من المتغيرات.

بالإضافة إلى ذلك، جميع المتغيرات معروفة. يمكننا دراستها، وهي مفتوحة للجميع. دراسة المتغيرات هي مثيرة للاهتمام. ان إيمان المسيحي لا يعلق في الميزان.

المسيحيين لديهم «الكلمتين» واحدة هي الكلمة المكتوبة الكتاب المقدس، والثانية هي الكلمة الحية، يسوع نفسه. في الكلمة المكتوبة نرى الكلمة الحية، فهي التي تقود المسيحيين إلى حب الكتاب المقدس، لأنه يخبرنا عن الكلمة الحية يسوع المسيح.

بالتأكيد، يختلف المسيحيون حول كيفية رؤية بعض نقاط في العقيدة. ومع ذلك، في القضايا التي نجد فيها آراء مختلفة، نحن نوافق في الغالب على عدم التوافق.

قرآن نقي؟

يدعي المسلمون أن القرآن نقي وبدون خطأ.

دراستي للقرآن، والحديث، حتى السيرة، تجعلني أقف لبرهة. في هذه الحقبة التي أعطت اهتماما كبيرا للقرآن، هناك بعض المخاوف الجدية.

أنا أتساءل عما إذا كان الكثير من المسلمين يعتقدون أن القرآن نقي ولكن لم يقرأه أبدا. العديد من المسلمون الغير الناطقون باللغة العربية قد حفظوا أجزاء واسعة منه، لكنهم في الكثير من الأحيان لا يعرفون معنى المقاطع العربية.

هل يستخدم القرآن سحريا، تقريبا مثل الطلسم؟ هل النسخة المطبوعة مقدسة؟ هل يجب أن يعاقب شخص ما، بل حتى يقتل، إذا تعرضت نسخة من القرآن لسوء المعاملة؟

على مر السنين رميت العديد من كتب الأناجيل، أحيانا عندما أصبحت بالية أو عندما بدأت باستخدام ترجمة أفضل وقد أعجبتني. ألإنجيل كتاب فريد من نوعه، ولكنه مجرد كتاب، وليس هناك شيء مقدس حول الصفحات المادية. إنها الكلمة الحية، يسوع، التي تحسب. المسيحيون لا يعبدون الكتاب المقدس بل الرب وقصته، والتعاليم، أي الشخص الموجود هناك.

العلماء في جميع أنحاء العالم - المسلم، العلماني، ومن الأديان الأخرى - يدرسون القرآن بالتفصيل في هذه اللحظة بالذات. لا يمكن إيقاف هذا الأمر أو منعه. فليس جميعهم سيعتبرون الكتابات أو ما يحمله الإسلام مقدساً أو سيكون كذلك، تماما كما أنهم ليس جميعا يعتبرون أن الكتاب المقدس هو مقدس.

يجب على الجماعة الحرة أن تقرر بنفسها ما هو صحيح وما هو خطأ. يجب أن يكون لدينا الشجاعة لقراءة، ودراسة، وتفحص والتساؤل في كل شيء.

إن شاء الله، سوف تدرس الكتب بنفسك. إقراء الكتاب المقدس والقرآن. افحصهم على حد سواء دون خوف. أسأل الله أن يكشف لك الحقيقة عندما تقرأ. ليس في هذا أي ضرر ولكن بقراءتهم تساعد نفسك على فهمهم واكتشاف الحقائق. فإنه ليس بالسعي تافهة.

زيارة الكنيسة؟ زيارة المسجد؟

هل يمكن لمسلم زيارة كنيسة؟ أستطيع الإجابة نعم وبثقة على هذا السؤال، واستند إلى حقيقة أن هناك اثنين من الأئمة، السنة والشيعة، قد زاروا كنيستي. لقد قبلوا دعوتي للتحدث في فصلنا الدراسي الإسلامي في عام ٢٠١٥. لم نلتقي في المصلى لدينا ولكن في قاعة الكنيسة. وفي كلتا الحالتين اختتمت الجلسة بالصلاة. وعلى حد علمي، لم يكن هناك أي إهانة، ولم تنتهك أي ممارسات دينية.

في الآونة الأخيرة اتصلت بمسجد محلي لم أكن على دراية به، وردا على سؤالي عما إذا كان بإمكاني حضور صلاة الجمعة أعطيت على الفور إجابة إيجابية. إني احضر الآن بانتظام، أتحدث مع الرجال المسلمين حين يجتمعون بعد وقت الصلاة. العديد يعرفني الآن ويبدو أنهم يشعرون بالراحة بوجودي. أخلع حذائي، وأجلس في كرسي في الخلف، وأصلي على طريقتي الخاصة. من المهم ان يعلموا أنني أحترم ممارساتهم الدينية.

لحسن الحظ، لا يوجد تباين هنا.

النداء هنا، أود أن أقترح للناس من مختلف الطوائف الدينية ان لا يخافوا من بعضهم البعض. ليس علينا أن نتفق، ولكننا نستطيع أن نعترف بإنسانيتنا المشتركة، وسعينا المشترك لالله، واحترامنا المتبادل، والحب أيضاً، لأولئك الذين يشاركون الكوكب معنا. بعد كل شيء، نحن جميعا مخلوقات الله.

دعونا لا نخاف أن نتعلم شيئا من معتقدات الغالية عند الآخرين. الكثير من الكراهية تقوم على الجهل أو تستند إلى تقارير إخبارية. ليس لان ليس هناك شيء للخوف - هناك - ولكن ليس من الضروري دائما أن يكون بهذه

الطريقة. فالتعاون والتفاهم المتبادلان يمكن أن يقطعوا شوطا طويلا في تحقيق الرقي والتقدم، حتى السلام المؤقت.

الخوف هو العدو الذي يحتاج إلى الهزيمة. الخوف ينتج الغضب ويخلف الكثير من الكراهية التي نراها في عالمنا. الخوف خطير جدا. المسيحيون مخطئون لخوفهم وكرههم المسلمين. والعكس هو صحيح أيضا، وأنا لا أعرف أين هو الخطأ الأكبر. هذا هو السبب في أنني أناشد المسيحيين والمسلمين على السواء للتعرف على ما يجعل الاخر يغضب ويخطئ؛ تعرفوا على المسلمين أيها المسيحيين، وأنتم المسلمون تعرفوا على المسيحيين. ما هو الفرق الذي سيحصل!

الفصل الرابع عشر

مغادرة الإسلام

المسيحية لا ترتفع أو تقع إذا كان شخص ما في الكنيسة ترك فهي تبقى ثابتة متجانسة. الارتداد الكاذب، أو الشخص الموجود في الكنيسة المسيحية دون أن يولد فعلا مرة أخرى من روح الله، هي مسألة بحثتُها منذ عقود. كقس إنجيليا قديما، أستطيع أن أقول لكم أن نسبة عالية من الناس يبان لكم انهم ماهرون في وعظ الكتاب المقدس، والكنائس الإنجيلية، وهذا ليس بخطأهم لكنهم ليسوا بالمسيحيين الفعليين ولكن مجرد قد تنصروا أو تعمدوا.

كقس رأيت عدد لا يحصى من أعضاء الكنيسة يأتون ويذهبون، وليس هناك ما يربح في محاولة منعهم. فنحن نثق بأن المدعوون من الله سوف يجدوا طريقهم إلى الكنيسة التي من شأنها أن تعزز وتقوي إيمانهم. أما بالنسبة للمسيحيين بالاسم، فنترك مسألة تثبيتهم بالإيمان إلى الله، فنحن نصلي من أجلهم، ولهم حرية المغادرة إذا أرادوا ذلك.

عزيزي القارئ المسلم، إذا رغبت، هل يمكنك ترك الإسلام؟ فما هي العواقب. ؟ أتقرر التوقف لحضور الصلاة في المسجد؟ وإذا كنت امرأة، خلع الحجاب؟ أو وقف تلاوة الصلاة، وببساطة وقف ممارسة الديانة الإسلامية؟

هذا هو السؤال الأكثر صعوبة، لأن ترك الإسلام يمكن أن يعني مشكلة خطيرة وفقدان كل شيء تقريبا، حتى حياتك.

أن تكون ضعيفاً ليست سوى خطوة عن ان تكون كافراً، أو حتى مشركاً. إذا كان ضعفك أو ترددك تجاه الإسلام اعتبرت الرّدة، فإن العواقب يمكن أن تكون سيئة.

عبادة العقلية

لسنوات كنت جزءا من مجموعة مسيحية ذو طقوس معينة. في يوم من الأيام قال لي أستاذ اللاهوت أن المجموعة التي كنت معها كانت طائفية. غضبت وأحضرت للبروفيسور نسخة من بيان الإيمان لمجموعتنا. فقال «هذه ليست المشكلة»، وقال «المشكلة تكمن في الطريقة التي تنظرون بها لأنفسكم وللآخرين».

وأشار إلى أن العقلية الطائفية ليست مخصصة للمجموعات الدينية وحدها، بل أيضا للمجموعات السياسية والاقتصادية والعلاجية / التعليمية. عندما يتم الجمع بين الدين والسياسة، يُفتح الباب بشكل خاص أمام عقلية سامة. أيا كان اسم المجموعة، مهما كانت أهدافها، بغض النظر عن مدى قوة ومكانة المجموعة، ما يهم هو كيف ترى المجموعة نفسها والآخرين. هذا نموذج عن طقوس تمثل هذه المفاهيم:

❖ ينظر إلى الغرباء والغير مؤمنين على أنهم على خطأ، ويخدعهم الشيطان، ويستحقون أن يعاملوا بقسوة وحتى القضاء عليها.

❖ الحقيقة في المجموعة هي الحقيقة الوحيدة، والمجموعات الأخرى الباطلة تحتاج إلى أن تسحق.

❖ يجب الخوف من الغرباء، احتقارهم، تجنبهم، وفضحهم.

هناك عدد من الجماعات المسيحية التي تطابق هذه الفئة. أنا قس معمداني وأنا على علم بأن هناك حتى بعض الكنائس المعمدانية التي تقع في هذه الفئة وتتبع ثقافتها.

هل الإسلام طقس؟

ربما في دولة يسود فيها الإسلام، يصعب على الشخص أن يترك الإسلام، حتى لو كان ملحدا داخليا. لكن في دولة لا يسود فيها الإسلام – ربما بلد

غربي يعيش فيه شخص في مجتمع متماسك من المسلمين - ماذا يحصل؟ حتى في هذا الوضع هناك صعوبة لمن يرغب في ترك الإسلام. فأين حرية الاختيار؟

اعتماداً على أبحاثي، لقد أدركت أن بعض المسلمين يتساءلون إذا كان ينبغي لهم أو إذا كان بإمكانهم ترك الإسلام.

إن شاء الله، الله الذي خلقك واحبك سيكون دليلك عندما تنظر وتدقق في هذه الأسئلة الصعبة.

المناشدة

دعوة للإصلاح

دخلت المسيحية من خلال إصلاح كبير في القرن السادس عشر دعيا الإصلاح البروتستانتي، ومن خلاله نشأت مئات من الطوائف الجديدة. منذ ذلك الوقت، لا أحد يملي على الاخر ما يعتبره الجميع وجهة نظر غير قابلة للتغيير في المسيحية، ومع ذلك لم يتم تغيير الحقائق الأساسية للإنجيل.

لم يشهد الإسلام إصلاحا. ففي العديد من الطرق لا يزال يعمل كما لو كنا نزال في القرن السابع. فليس هناك مجال للنقاش، أو السؤال، أو نقد أي شيء له علاقة بمحمد، القرآن، أو الحديث، أو حتى في التقاليد التي تطورت من الثقافات القديمة. على الرغم من الملل المختلفة – السنة والشيعية والصوفية – كما لو أن التفكير تم تجميده في الوقت.

فانا أعتقد أن أغلبية المسلمين منفتحون على إمكانية الإصلاح في الإسلام. إنهم يتوقون إلى التحرر من السيطرة القمعية والرغبة في العيش والسماح للآخر بالعيش. أنا لا أدعو إلى التخلي عن الإسلام. بل أقترح أن يتخذ موقف ضد عدم المرونة وعدم التسامح مع الانشقاق.

والطريقة العملية لاتخاذ موقف الإصلاح هي للمسلمين، ولا سيما الرجال، هو الاحتجاج على قتل المدنيين الأبرياء، سواء كانوا مسلمين آخرين أو مسيحيين أو أي من السكان الآخرين.

لماذا لا تخرج إلى الشوارع في المسيرات، حاملين لافتات، والنشرات، أو عبر الإنترنت وغيرها من وسائل الإعلام الرقمية والبثية باسم غالبية المسلمين المعتدلين، تطالبون بوقف الفظائع التي ترتكب بحق الأقلية باسم دين الإسلام؟ (لقد بدأ بعض المسلمين بالفعل هذا النوع من الاحتجاج في أعقاب

مآسي باريس وبروكسل).

المسيحيون مرتاحون للعيش في عالم حيث ألديانة المسيحية لا تهيمن. فنحن لا نصر على أن يجب على العالم ان يعيش تحت هيمنة السلطة المسيحية. ففي جميع أنحاء العالم، وفي مواجهة العداء المتزايد باستمرار من المتطرفين المسلمين وحتى من الثقافة العلمانية، نحن لا نزال نتحدث عن يسوع المسيح وننشر رسالته البسيطة في الحب والنعمة.

متى ستعتدل الإطارات المسلمة من نير الغضب من القيادة المتطرفة؟ أيمكن للإسلام تجربة الإصلاح؟

من بينكم سوف يتخذ موقف؟

الفصل الخامس عشر

من هو يسوع المسيح؟

على مدى بحثي اكتسبت بعض الفهم لمحمد والإسلام. فمن خلال هذا الوقت من الدراسة بدأت احترم وأقدر الإسلام والشعب المسلم، في حين ان قبل دراستي كنت أتأثر كثيراً بالتقارير الإخبارية اليومية عن المتطرفين الإسلاميين التي تخلق دون وعي الخوف والغضب، وحتى الكراهية للمسلمين.

الآن أحبهم واصلي من أجلهم وأحاول التواصل مع المسلمين. إذا كنت قد أبلغت عن موقفي الحالي قبل عامين، لما صدقت ذلك.

بالنسبة للمسيحيين، هو تعبير كبير عن الحب إخبار الآخرين عن يسوع. لذلك، كتعبير عن حبي سأنهي هذا الكتاب الصغير مع ما أعتبره الخاتمة المناسبة: وهو تعريف من هو يسوع وما فعله، وذلك باستخدام كلماته الخاصة.

الأقوال السبع «أنا»

في إنجيل يوحنا، أدلى يسوع سبعة تصريحات تبدأ بكلمة «أنا». كل واحدة منها تخبرنا شيئا مهما عن يسوع. إلقاء الضوء عليها يُعد مهمة شاقة، كما ان علماء الدين أنتجوا مجلدات كثيرة على كل واحدة منها. ومع ذلك، أعتقد أن تصليت الضوء عليها يُعد وسيلة فعالة لمناقشة يسوع، ربي ومخلصي.

موسى، ألعليقه المشتعلة، الأحرف الرباعية YHWH

أولا، دعونا ننظر إلى أصل العبارة، «أنا».

في الفصل الثالث من الخروج (العهد القديم) وردة قصة الله بإرسال موسى إلى الفرعون المصري لطلب الإفراج عن العبيد العبريين. حينما كان موسى

يرعى قطيع من الحيوانات في الصحراء، رأى عليقه مشتعلة ولكن الحريق لا يستهلكها.

عندما اقترب موسى من ألعليقه المشتعلة، ناداه الله (إلوهيم في النص العبري). وما تلا هو ان أمر الله موسى الذهاب إلى فرعون. فتردد موسى وأراد أن يعرف اسم «الإله» الذي يتحدث إليه. على ما يبدو، في هذه المرحلة كان موسى مشرك ويعتقد أن هذا «الإله» يجب أن يكون له اسم لتمييزه عن الآلهة الأخرى.

أتى جواب إلوهيم غامض نوعا ما ويشكل لغز، لأنه يقول اسمه يهوه YHWH (أو Yahweh مع حروف العلة المضافة). ويعرف هذا الاسم باسم تيتراغراماتون، بمعنى «أربعة أحرف». وهنا لاحظ ما يقوله إلوهيم لموسى: هكذا تقول لبني إسرائيل يهوه إله ابائكم إله إبراهيم واله اسحق واله يعقوب أرسلني إليكم. هذا اسمي الى الابد وهذا ذكري الى دورٍ فدور. (خروج ١٥:٣)

في النص أعلاه، الرب هو يهوه (YHWH) هو اسم الله إلى الأبد.

تعريف يهوه كانت عدة: «أنا هو الذي هو»، «أنا»، «سأكون من سأكون»، والتعيينات مماثلة. أساسا، لا يمكن احتواء الرب في اسم مثل بعل، اسم لاحد الآلهة القديمة للكنعانيين. الله الذي يتحدث لموسى هو الله الأزلي والله الواحد فقط. أصبح موسى الموحد.

YHWH أو يهوه يترجم في النسخة اليونانية من الكتاب المقدس العبري المعروف باسم السبعيني، ألأنا أو أنا هو، أنا.

أشار يسوع لنفسه على أنه «أنا»، أو «أنا هو». في ذلك ربط نفسه مع الله القديم والخالد الذي كشف نفسه لموسى في ألعليقه المحترقة.

هناك سبعة «أنا، أنا هو» وردة في إنجيل يوحنا، بالإضافة إلى واحدة عندما

استخدم يسوع التيتراغراماتون (الأربعة أحرف YHWH) في إنجيل يوحنا. في كل الأحوال هي ألأنا الوجودية، مع ألأنا كونها الضمير الشخصي، الضمير الأول المفرد. ألأنا الوجودية هي المفرد الحالي الأول المفرد الشخصي (فاعل اسمي دون أي معنى للوقت، وبالتالي خالد) معنى، » أنا هو» . لترجمة ألأنا الوجودية (eimi) بطريقة أكثر حرفية واحد يصل إلى» أنا، أنا هو. »

أنا خبز الحياة

الخبز، أساس الحياة، هو التعبير القديم عن الغذاء والقوت، من دون الخبز تنتهي الحياة.

> فقال لهم يسوع أنا هو خبز الحياة. من يُقبل إلي فلا يجوع ومن يؤمن بي فلا يعطش أبداً. يوحنا ٦ : ٣٥

يسوع هو مثل الخبز والماء، ضروري للحياة، وفي هذه الحالة، يسوع أساسي وضروري للحياة الأبدية.

يسوع لا يتحدث حرفيا، على الرغم من أن البعض قد اتخذه كذلك؛ لكن العقلية الشرقية ترى أن ما يقوله استعارة. (العقلية الغربية أكثر عرضة لأخذها حرفيا.) الكتاب المقدس، مثل القرآن، هو وثيقة شرقية.

أنا هو نور العالم

> ثم كلّمهم يسوع أيضاً قائلاً أنا هو نور العالم. من يتبعني فلا يمشي في الظلمة بل يكون له نور الحياة. يوحنا ٨ : ١٢

الظلام هو استعارة أو رمز للشر والخطيئة. الضوء هو رمز القداسة والحقيقة. يسوع هو في نفسه، هذا الضوء، هذه القداسة، والحقيقة.

أنا باب الخراف

كانت حظيرة الغنم مسيجة ببوابة واحدة. وقف الراعي بجانب الباب وعد الخراف عند دخولها في الليل. كان هناك طريق واحد فقط الى الداخل. لا يمكن للأغنام أن تقفز أو تتسلق الجدار أو السياج. فالراعي لن يسمح في دخول أي مخلوق آخر.

> فقال لهم يسوع أيضاً الحق الحق أقول لكم إني أنا باب الخراف. جميع الذين أتوا قبلي هم سراق ولصوص. ولكن الخراف لم تسمع لهم. أنا هو الباب. ان دخل بي أحد فيخلص ويدخل ويخرج ويجد مرعى. (يوحنا ١٠ : ٧: ٩)

«الخلاص» هي الكلمة المفتاح الرئيسية هنا. الكلمة ليست تحذير، تعليم، استنارة، أو توجيه؛ بل هي خلاص.

«الخلاص» تعني أن يقوم المخلص بإنقاذك، يغفر كل خطاياك، ويعطيك هدية الحياة الأبدية. هذه هي هدية الله المجانية من النعمة، لأن الفقراء، العاجزون، والأغنام الغافلة لا يمكن ان ينقذوا أنفسهم.

أنا الراعي الصالح

الراعي يقود القطيع، ويُشبَّه المسيحيون بقطيع من الأغنام. فبطبيعة الحال، الأغنام ليست نيّرة وذكية، فهي تضلل بسهولة، وهي مكشوفة للهجوم من قبل الحيوانات الضارّة.

إن يسوع ليس الراعي فحسب، بل إنه الراعي الصالح. هناك أيضاً راعي سيئ يسميه يسوع «ألص» قائلا:

> السارق لا يأتي إلا ليسرق ويذبح ويُهلك. وأما أنا فقد أتيت لتكون لهم الحياة وليكون لهم الأفضل. أنا هو الراعي الصالح. والراعي الصالح يبذل نفسه عن الخراف. (يوحنا ١٠ : ١٠ : ١١)

كما في الماضي فالآن، يجب على الرعاة ان تحمي قطعانها من أن تدمر من قبل

اللصوص وغيرهم من المتسللين. وكنتيجة يمكن أن يُقتل أحد الرعاة. يسوع يبذل حياته من أجل الأغنام. هذه إشارة واضحة إلى الصليب حيث وضع يسوع حياته عن طريق أخذ خطايانا على نفسه والموت مكاننا.

أنا القيامة والحياة

كان اليعازر وأخواته مريم ومارتا أصدقاء يسوع. فمرض اليعازر ومات. فبعد مرور أربعة أيام على موته، وصل يسوع إلى بيتاني، القرية الصغيرة التي تبعد ميلين عن القدس حيث عاشت العائلة. في محادثة مع مارتا، قال يسوع لها:

أنا هو القيامة والحياة. من امن بي إن مات فسيحيا. وكل من كان حياً وامن بي فلن يموت الى الابد. أتؤمنين بهذا. (يوحنا ١١: ٢٥: ٢٦)

قدم يسوع ادعاء لا يصدق: «أنا هو القيامة والحياة». لا يستطيع أحد أن يقول هذا، ولا أي شخص من أي وقت مضى قد أدلى مثل هذا البيان. قال يسوع ذلك، ودعمه من خلال رفع اليعازر من بين الأموات، مسبباً في هذا مشكلة للمرشدين الدينيين الذين سعوا لقتل اليعازر وإسكاته.

الحياة في الجنة والإنقاذ من الجحيم تعتمد فقط على يسوع. هو وحده أخذ خطايانا بعيدا ودفنها، وبالتالي وضع بعيدا الخطيئة إلى الأبد. ثم ارتفع من القبر. هو على قيد الحياة إلى الأبد، وسوف يأتي مرة أخرى في نهاية العصور، في يوم القيامة، ليلتقي ويستقبل في الجنة جميع أولئك الذين امنوا به.

أنا هو الطريق، والحق، والحياة

أنا هو الطريق، والحق، والحياة (يوحنا ١٤: ٦)

وقد قيل ان يسوع كان كاذب، ومجنون، أم انه قال الحقيقة المطلقة. أي شخص يدرس يسوع في الأناجيل سوف يقول لكم يسوع ليس كاذبا.

١١٣

وسوف يقول لكم انه هو الشخص الأكثر عقلانية ومنطقي يمكن تخيله. ان فحصنا يسوع وأعماله لأنفسنا نجد كل الفرق. ومن الواضح أنها تأخذ كل الشجاعة للقيام بذلك. عندما حاولت هذا بنفسي في عام ١٩٦٣، كنت أخشى مما قد أجد. ماذا لو كنت مخطئا! سيكون هذا محرجا.

دعوا الآخرين يسخرون، ينتقدون، يسخرون، يهددون! فإن عدم دراسة يسوع وحياته على الأرض هو فقدان شيء من الحياة ويفوت الإنسان الكثير؛ فهو أن تفوت كل ما هو ذو أهمية حقيقية في الحياة.

أنا الكرمة الحقيقية

«الكرمة» هي استعارة لأمة إسرائيل كما وجدت في العهد القديم. الاستعارات المرتبطة هي «الكرم»، و «شجرة التين».

قال يسوع: أنا الكرمة الحقيقية وأبي الكرام. (يوحنا ١٥ : ١)

يسوع نفسه هو إسرائيل والكنيسة. إسرائيل والكنيسة هي كلمات تعني «شعب الله». يسوع هو رأس الكنيسة، وهي جسده. عند التحول، بقوة الروح القدس، كل من يولد مرة أخرى يوضع في المسيح يسوع.
يسوع هو الكرمة. والأب هو الكرام، على غرار كونه راعي القطيع.

قبل إبراهيم كان، أنا هو

عندما كان يسوع يدرس في المعبد في القدس، اتهمه بعض قادة اليهودية بانه ممسوس من الشيطان، فقال لهم،

الحق الحق أقول لكم قبل ان يكون إبراهيم أنا كائن. (يوحنا ٨ : ٥٨)

«أنا هو» - ألأنا الذاتية- الذي خاطب موسى من ألعليقه المحترقة. عاش إبراهيم عشرين قرنا قبل المسيح، لكن يسوع يقول إنه عاش قبل إبراهيم.
وتعني صياغة هذا البيان أن يسوع كان من الأزل ودائم الى الأبد.

الآب والابن والروح القدس – الثالوث – هذا هو الله. وهكذا عرف يسوع نفسه. بغض النظر عما يقوله أي شخص عنه، فمهما كانت مهينة أو مزورة، فإنها لن تغير شيئا. الله لا يتوقف عن كونه الله لأن شخص ما لا يعتقد به أو لا يفهم الحقيقة.

ملاحظة نهائية

عزيزي القارئ المسلم، يرجى أخذ الوقت لدراسة يسوع. اكتشف بنفسك. ليس لديك ما تخسره ولكن لديك كل شيء لتكسبه.

قد تصلي وتسأل الإله، الله، لكشف الحقيقة لك. سوف يسمع الله صلاتك، «هل يسوع هو حقا أنا هو؟»

قال ارميا النبي قديماً: « سوف تطلبونني فتجدونني إذ تطلبونني بكل قلبكم. » (ارميا ٢٩ : ١٣).

ان شاء الله، سوف تسعى الى لله من كل قلبك، وسوف تجده.